levante-se e
ore

sheila walsh

levante-se e ore

um guia para a mulher que
busca comunhão constante com Deus

Traduzido por
Marcia Lúcia Godde

THOMAS NELSON
BRASIL®

Rio de Janeiro – 2023

Título original
Get off Your Knees

Publisher	*Omar de Souza*
Editor responsável	*Samuel Coto*
Produção	*Adriana Torres*
	Thalita Aragão Ramalho
Produção editorial	*Luana Luz*
	Victor Almeida
Tradução	*Idiomas & Cia., por Marcia Lúcia Godde*
Adaptação de capa	*Douglas Lucas*
Preparação de originais	*Idiomas & Cia., por Ana Carla Lacerda*
Revisão	*Thiago Braz*
	Daniel Borges
Diagramação e projeto gráfico	*Carmen Beatriz Silva*

As citações bíblicas foram extraídas da NVI — Nova Versão Internacional, salvo quando especificado. As marcadas como MSG foram extraídas de *A Mensagem: a Bíblia em linguagem contemporânea*, de Eugenee H. Peterson. São Paulo: Editora Vida, 2011.

CIP-BRASIL. CATALOGAÇÃO NA PUBLICAÇÃO
SINDICATO NACIONAL DOS EDITORES DE LIVROS, RJ

W191 Walsh, Sheila, 1956-

Levante-se e ore : um guia para a mulher que busca comunhão constante com Deus / Sheila Walsh ; [tradução Idiomas & Cia., por Maria Lúcia Godde]. - 1. ed. - Rio de Janeiro : Thomas Nelson Brasil, 2013.

Tradução de: Get off your knees
ISBN 9788578604387

1. Vida espiritual. 2. Orações. I. Título.

13-02180 CDD: 242.8
CDU: 27-534.3

17/06/2013 18/06/2013

Thomas Nelson Brasil é uma marca licenciada à Vida Melhor Editora S.A.

Rua Nova Jerusalém, 345 – Bonsucesso
Rio de Janeiro – RJ – CEP 21402-325
Tel.: (21) 3882-8200 – Fax: (21) 3882-8212 / 3882-8313
www.thomasnelson.com.br

Dedicatória

Este livro é dedicado com amor e gratidão à nossa intercessora nas conferências das Women of Faith [Mulheres da fé], Lana Bateman. Você me ensinou com afinco a viver uma vida de oração. Agradeço ao nosso Pai por você existir.

SUMÁRIO

Agradecimentos, 9

Introdução: Deus está ouvindo, 11

Parte 1: O caminho

1. O que a Bíblia realmente diz sobre a oração?, 19
Quais das minhas ideias procedem da Bíblia e quais procedem daquela "irmã da igreja"?
2. Por que a oração é tão importante?, 31
A oração realmente me ajuda a crescer?
3. Por que é tão difícil orar?, 43
Se a oração realmente é tão importante para Deus, não deveria ser mais fácil orar?
4. Minhas orações fazem a diferença?, 55
Se Deus já decidiu o que ele vai fazer, para que orar, afinal?

Parte 2: O problema

5. Por que Deus diz não?, 69
Se Deus é amoroso e bondoso, por que ele não me dá o que eu quero?
6. Deus está zangado comigo?, 77
Será que Deus vai me ajudar, se fui eu mesmo quem se meteu nesta confusão?
7. Por que Deus parece ausente quando oro?, 87
Por que algumas vezes Deus parece estar próximo e outras parece estar tão longe?
8. Por que Deus a ajudou, mas não me ajudou?, 99
Deus tem favoritos?

Parte 3: O plano

9. Como posso saber se ouvi a voz de Deus?, 115
Era ele ou a pizza da noite passada?
10. Posso pedir qualquer coisa a Deus se eu tiver fé suficiente?, 125
Querido Deus, podes tornar-me mais alta?
11. Posso questionar Deus?, 135
Tem alguém aí?
12. Você está pedindo para eu abrir mão?, 145
Caindo para a frente

Parte 4: O propósito

13. Solte os seus fardos, 157
O dom da confissão
14. Ore "para a frente", 169
O dom da perseverança
15. Inebriado pela gratidão, 179
O dom da gratidão
16. E Deus se alegrou, 189
O dom da confiança
17. Você não está sozinho, 199
O dom da comunidade

Conclusão: A oração é a nossa identidade, 211
Notas, 213
Women of faith, 215

AGRADECIMENTOS

Todas as minhas viagens mais memoráveis foram compartilhadas com amigos ou parentes queridos, e escrever este livro não foi exceção.

Sou profundamente grata a Leslie Peterson, que trilhou este caminho editorial comigo em cada passo. Sua graça e sua paciência me tocaram profundamente, e o seu senso de humor me carregou nos braços quando eu estava a ponto de perder a cabeça!

Jennifer Stair recebeu a contribuição das minhas palavras e cuidou delas com amor, trabalhando-as tão talentosamente que mesmo se o livro não ganhar o prêmio de melhor do ano, sem dúvida, estará entre os melhores.

Bryan Norman, você é o meu novo herói. Suas sugestões editoriais, suas perguntas, sua sabedoria e seu encorajamento me afetaram intensamente. Obrigada!

Brian Hampton e toda a equipe da Thomas Nelson transformam o ato de seguir o meu chamado de escritora em pura alegria. É uma grande honra fazer parte dessa família.

Tami Heim, você é um líder brilhante e um amigo precioso!

Mary Graham e minhas "companheiras da varanda" do Women of Faith[1], vocês são as minhas guerreiras e companheiras de estrada quando levamos as boas-novas transformadoras do amor de Deus a um mundo ferido. Amo todas vocês.

[1] Women of Faith [Mulheres de fé] é uma organização cristã não denominacional que realiza conferências para mulheres em todas as regiões dos Estados Unidos.

Agradeço ao meu marido, Barry, e ao meu filho, Christian, por sua graça, sua paciência e sua compreensão durante o processo de escrita, no qual me abasteceram com *muito* material!

INTRODUÇÃO

DEUS ESTÁ OUVINDO

Se você me pedisse para descrever a minha vida espiritual quando eu tinha vinte anos, seria mais ou menos assim: "Amo ler a Bíblia e os clássicos espirituais. Estou muito envolvida com a minha igreja. E a minha vida de oração é um desafio."

Aos trinta anos, eu diria mais ou menos a mesma coisa, exceto pelo fato de que, com relação à oração, eu teria trocado "é um desafio" por "é péssima". (Nessa época eu estava começando a ser mais sincera com relação à minha vida.) Mas quanto ao restante, os fatos continuariam intactos.

Aos quarenta anos, eu teria acrescentado que amo falar com mulheres sobre fé e medo, honestidade e sofrimento. E estava mais conformada com o fato de que minha vida de oração "era péssima".

E agora? Bem, agora tenho cinquenta anos, e a mudança em todas as áreas da vida se tornou uma realidade progressiva.

Minha visão se deteriorou, seguindo em direção ao terreno mutante dos óculos bifocais. No meu último exame de vista, quando o oftalmologista cobriu o meu olho esquerdo, eu só consegui ler as duas primeiras linhas do quadro. Quando ele cobriu o meu olho direito, eu não consegui ver a parede!

Estou definitivamente encolhendo. Para remediar isso, tenho duas escolhas bem claras: usar saltos mais altos ou fazer bainha em todas as minhas calças.

Preciso retocar a raiz do meu cabelo a cada três semanas agora, em vez de a cada seis semanas. Quando sugeri voltar à minha cor natural, minha cabeleireira disse que eu já não tenho mais uma cor natural. Quem poderia imaginar que algo assim seria possível?

Mas em meio a todas essas mudanças perturbadoras, estou descobrindo dons simples e profundos que chegaram com o passar dos anos. Por exemplo, não me preocupo tanto com as pequenas coisas da vida. Se meu filho e quatro de seus amigos de dez anos decidem construir um forte na cozinha, logo quando estou a ponto de começar a preparar o jantar, mudo o cardápio para cachorro-quente e sirvo o lanche para eles na tenda. Quando problemas inesperados cruzam o meu caminho, sei que tenho boas amigas com as quais posso contar. Nós nos amamos, nos valorizamos e nos apoiamos. Rimos de todas as pequenas indignidades do envelhecimento, e choramos juntas quando a vida se transforma em uma noite sombria para alguma de nós.

Também estou tendo uma compreensão diferente da minha vida espiritual. Estou mais inclinada a ouvir a voz de Deus do que a apresentar a ele uma lista de pedidos. Tenho uma confiança tranquila de que, independentemente do que pareça verdade, Deus está sempre no controle.

E o mais importante é que entendi não ser possível ter uma *péssima* vida de oração. Algumas vezes nos sentimos assim, mas creio que Deus recebe com alegria as nossas palavras e enxerga os nossos corações. Qualquer oração é um presente para ele, pois significa que estamos dirigindo-lhe a palavra. Só precisamos dar aquele primeiro passo — e começar a abraçar a oração como parte da nossa vida diária, tão vital quanto respirar.

Já não divido mais a minha vida em duas partes: a espiritual e todas as outras partes. Creio que quando reconhecemos que Deus está sempre conosco, cada respiração pode ser uma oração. Orar não se resume apenas a algumas frases que dizemos a Deus enquanto estamos ajoelhados, mas também viver o nosso compromisso com ele de forma progressiva, a cada instante.

Talvez você esteja pensando: "Orar é fácil, afinal, fomos feitos para nos alegrarmos em nosso relacionamento com Deus e para agradecer a ele pelas suas bênçãos." Obviamente, é sempre fácil ser grata a Deus pelos bons presentes que ele nos dá. Mas e quando nós não somos agradecidas? E quando estamos sofrendo? Zangadas? Atordoadas? Será que em momentos como esses também é fácil orar?

Talvez não seja tão fácil, mas ele quer que essa seja a nossa primeira reação.

Ou talvez você esteja pensando: "Orar nunca foi fácil para mim. Realmente detesto orar!" Você sente que o que diz a Deus não é sincero nem certo, ou questiona se ele de fato se importa em ouvi-la. Ou você está tão arrasada que não quer nem mesmo falar com ele.

Mas ele se importa, e ainda deseja que você ore.

Deus ouve todas as nossas orações, as boas e as ruins. Ele é grandioso o bastante para lidar com as nossas perguntas sinceras e até com a nossa raiva. Sentei-me ao lado de uma amiga depois que ela enterrou o filho, e a ouvi enquanto ela derramava todas as suas emoções cruas para Deus. A oração dela não foi bonita, mas veio do seu coração e Deus sabia disso.

Vi meu filho ter dificuldades com a oração depois da morte de seu amado avô: "Você não me disse, mamãe, que se eu orasse Deus responderia? Bem, pedi a ele para não levar o meu vovô e ele o levou. Orar não funciona!" Ver a dor do meu filho me atingiu de uma maneira incomensurável, mas eu sabia que Deus estava ali com ele. Eu também explodi com o Senhor quando vivi meus próprios desafios... e resmunguei as minhas dúvidas para ele. Sei que ele me ouviu, e da mesma maneira ouve você também.

Deus recebe todas as nossas orações, tanto as de gratidão quanto as que não são tão gratas assim; as eloquentes e as menos expressivas. Ele aceita não apenas as nossas orações alegres e confiantes, mas também as que fazemos quando não temos certeza das coisas — ou quando não sabemos se realmente queremos respostas. Ele aceita os nossos questionamentos angustiados quando passamos por traumas ou perdas. Aceita até as orações que pedem que ele faça um desastre cair sobre alguém que nos feriu (embora não as atenda). Deus aceita todas as nossas orações, porque elas provam que acreditamos que ele está no controle. Quando estamos felizes ou zangadas, sofrendo a um ponto em que as palavras não adiantam mais e tudo que podemos fazer é gritar por socorro, Deus ainda está ali.

Ele está ouvindo.

Essa visão espiritual mais aguçada parece ter começado a se desenvolver praticamente ao mesmo tempo que Deus depositou em meus braços um lindo bebê, um menino de 3,039kg. Tornar-me mãe há dez anos, aos quarenta, afetou a minha vida mais do que eu imaginava ser possível. (Uma observação puramente prática: acho que eu deveria ter dormido mais durante os primeiros quarenta anos!) Como uma mãe de primeira viagem, senti-me constrangida ao perceber que até a pessoa mais insegura ou resguardada pode amar de forma não egoísta quando olha nos olhos de seu filho. Foi um grande impacto para mim o fato de que uma garota como eu, que tinha medo de apanhar no ônibus da escola, pudesse amar tanto seu filho que seria capaz de arrancar as patas de um leão que o ameaçasse.

Mais do que isso, ter um filho mudou a maneira como eu encarava o meu relacionamento — a minha conversa progressiva — com Deus.

Lembro-me do que minha amiga Amy Grant disse quando o seu primogênito, Matt, nasceu. Ela percebeu que até o fim da vida o seu coração bateria para sempre fora do corpo. Não entendi a profundidade dessa afirmação até meu filho, Christian, nascer. Desde então, minha vida tem se transformado de maneiras simples e de outras mais difíceis de explicar.

Muitas vezes, quando Christian está dormindo à noite, fico em pé ao lado de sua cama e me maravilho com a dádiva que ele é para mim. Comecei a fazer isso quando ele era apenas um bebê. Antes da maternidade, eu não fazia ideia de que pudesse sentir um amor tão profundo, que me fizesse considerar qualquer espécie de sacrifício um privilégio. Mas, à medida que cuidava do meu filho, cheguei a uma nova e intensa consciência do cuidado do nosso Pai celestial conosco, e comecei a entender a profundidade do seu amor por nós.

Por causa disso, a minha vida de oração mudou. Eu amava falar com Deus e ouvi-lo, o tempo todo (ainda amo!). Eu amava ser sincera com ele. Naqueles primeiros dias, ser mãe de um bebê e quase não dormir eliminou boa parte da "introdução" da minha conversa com ele; eu simplesmente ia direto ao assunto.

O fato de meu filho sofrer de uma doença que colocou a sua vida em risco também aguçou o meu diálogo. Exames posteriores revelaram que, na verdade, ele estava anêmico, e não sofrendo de leucemia. Ficar naquela situação aterrorizante por alguns dias me transformou. Eu não tomava tanto cuidado com a possibilidade de ofender a Deus. Eu estava com medo e zangada, e fui sincera. Fez-me bem relacionar-me com Deus daquela maneira tão autêntica.

E ainda faz. Eu jamais poderia voltar às minhas orações antigas e controladas, pois acho que seria um enorme insulto a Deus. A emoção nua e crua declara que você confia nele com tudo o que há em você, sabendo que ele ainda estará lá quando o seu ataque terminar.

Ao compartilhar o meu medo e sentir a minha raiva e a minha incerteza mais intensas, também derramo o meu amor e a minha gratidão com mais paixão. Um relacionamento real exige um diálogo íntimo, mesmo que se resuma a deitar no tapete com o rosto para baixo chamando o seu nome com a última gota de força que há em você.

Nas páginas deste livro há um convite para você desabafar — coração e alma — com Deus, a fim de experimentar o que eu passei a conhecer e abraçar. Dediquei muito tempo da minha vida querendo ser "boa o bastante" para ele. Queria estar com tudo organizado e acertado antes de ir até seu encontro, mas essa é uma maneira solitária de se viver. Fomos criados para ter conversas íntimas com o nosso Pai. A maior fonte de alegria e paz em minha vida hoje é a certeza absoluta de que posso encontrar Deus como sou, e ser amada e aceita. Posso contar a Deus as minhas esperanças e os meus sonhos, compartilhar as minhas decepções e os meus sofrimentos.

Este convite, no entanto, vem com um termo de responsabilidade: não afirmo que possuo todo o conhecimento sobre o assunto. Muita coisa acerca da oração ainda é um mistério para mim e ainda tenho mais perguntas do que respostas: podemos mudar a opinião de Deus?... Se Deus é soberano e já colocou todas as coisas em ordem, por que me importar em orar?... Por que parece que as orações de algumas pessoas são atendidas e as de outras não?... Como o nível da minha fé afeta o resultado das minhas orações?

Sim, existem muitas perguntas, mas isso não é um problema. O meu pedido a você, mesmo em meio às perguntas, é simples: fale com Deus e dedique tempo para ouvi-lo. Não importa o quanto acreditemos que somos pequenos e sem importância, pois Deus está ouvindo e falando conosco o tempo todo, só precisamos aprender a parar e ouvir.

Vivemos em tempos difíceis. A guerra e o terrorismo não estão mais a um milhão de quilômetros de distância de casa. O câncer e as doenças cardíacas estão travando uma batalha sem precedentes contra pessoas cada vez mais jovens. Os "dias de ouro" das finanças dos anos 1980 se foram há muito. As pessoas se preocupam se terão renda suficiente para ajudar os seus filhos com a universidade ou se eles próprios terão o suficiente para a aposentadoria. O ponto principal é: a vida está difícil.

Deus sabe de todas essas questões, e mais do que isso, bem no meio do tornado das nossas vidas, ele oferece um lugar calmo, um refúgio onde espera de coração e braços abertos para receber qualquer uma de nós que queira ir. Seja você jovem ou idosa, cheia de esperança ou cheia de medo, entusiasmada ou irada, grata ou amarga, esta continua sendo a minha certeza: Deus está ouvindo.

Portanto, vamos iniciar esta jornada e descobrir como reconhecer a mão de Deus em todos os momentos. Quer estejamos de joelhos ou não, vamos orar!

Parte 1
O caminho

1

O QUE A BÍBLIA REALMENTE DIZ SOBRE A ORAÇÃO?

Quais das minhas ideias procedem da Bíblia e quais procedem daquela "irmã da igreja"?

Ser um cristão sem oração é tão impossível quanto estar vivo sem respirar. — MARTINHO LUTERO

Alegrem-se sempre. Orem continuamente. Deem graças em todas as circunstâncias, pois esta é a vontade de Deus para vocês em Cristo Jesus. (1Tessalonicenses 5:16-18)

Meu filho Christian, de dez anos, entende muito de computadores, como é o caso da maioria dos alunos do 6º ano atualmente. No último Dia de Ação de Graças, ele me viu olhando para um grande peru congelado no balcão da cozinha. Percebendo imediatamente que eu estava tendo dificuldade para preparar a ave, ele disse:

— Consulte o Google, mãe.

— O que foi que você disse? — perguntei, olhando para a assustadora ave congelada.

— Se você não tem certeza do que fazer, consulte o Google — disse ele. — Comigo isso sempre funciona.

Então, consultei o Google, e encontrei as instruções de que precisava.

Entendo que talvez eu esteja deixando você confusa. Se você não tem experiência com computadores, identifico-me com você. Ainda custo a acreditar que posso pegar um pedaço de plástico

— geralmente chamado de telefone — digitar alguns números, e em segundos estar falando com a minha mãe na costa oeste da Escócia. Mas as coisas não param por aí. A vida caminha em um ritmo desenfreado nestes dias. Agora posso estar on-line com o meu laptop, usar um dispositivo de busca como o Google, digitar "Ajude-me! Meu peru ainda está congelado!" e em alguns instantes receber a mensagem: "Você deveria tê-lo tirado do congelador ontem à noite, sua palerma!" (Não, na verdade não. O que recebi foi um plano muito detalhado para descongelar e assar o suculento peru.)

O Google e outros dispositivos de busca on-line não apenas trouxeram o mundo até a nossa porta, como também nos levaram ao mundo. Antes de partir para Nairóbi, no Quênia, em dezembro de 2006, instalei o Google Earth no meu laptop para que Christian me acompanhasse. Toda noite ele podia entrar no programa e ter um link ao vivo a partir de nossa casa em Frisco, no Texas. Então era possível acessar a minha localização na África — o satélite se movia enquanto o globo na tela girava para lá e focava onde eu estava naquele dia.

Uau! O mundo está ficando menor a cada dia. De muitas maneiras, isso é uma coisa boa, mas em outros aspectos, nem tanto. Veja a oração, por exemplo. Considerando que hoje em dia praticamente qualquer pessoa pode estender a mão e nos tocar, estamos sendo bombardeadas de todos os lados por uma mistura de ideias a respeito de como devemos nos relacionar com Deus.

Por curiosidade, decidi pesquisar no Google a palavra *oração*, e não pude acreditar na resposta: um bufê diversificado oferecido em nome da comunhão com o Deus todo-poderoso. Um dos sites detalhou um minicurso gratuito que me ensinaria sobre "os sete espíritos de Deus". Outro site oferecia milagres que melhorariam a minha saúde, as minhas finanças e os meus relacionamentos via telefone 24 horas por dia.

Um site interessante até mostrava imagens de como a oração deveria parecer. Ele dizia que se eu era cristã, então deveria curvar a cabeça e unir as mãos; se fosse um índio norte-americano, deveria dançar; se fosse um hindu, deveria cantar; se fosse um sufi, deveria girar; se fosse um judeu ortodoxo, deveria balançar; e se fosse um quaker, deveria ficar em silêncio!

A sabedoria dos jovens

A busca no Google pela palavra *oração* provou ser mais confusa do que útil; sendo assim, resolvi fazer esta simples pergunta a alguns dos amigos do meu filho: "O que a Bíblia diz sobre oração?" As respostas deles foram interessantes, para dizer o mínimo. Eis algumas delas:

- "Nem sequer tente orar se você estiver zangado com o seu pai — Deus não vai ouvir."
- "Lave as mãos primeiro!"
- "Lembre-se de dizer amém ou a comida de todos vai esfriar!"
- "Pense nos outros antes de pensar em si mesmo."
- "Apenas concentre-se em Deus e tente não cair no sono."

Hummm... Não era bem o que eu estava esperando. As respostas deles revelaram uma ideia de que existem coisas certas e erradas para se fazer quando oramos — e é melhor você entender bem as coisas certas se tem a esperança de que Deus o ouça! As respostas também pareceram indicar que eles foram corrigidos no passado quando se esforçaram para orar e que agora estavam trabalhando com um conjunto de regras básicas inteiramente novas.

Porém, algo além de suas reações saltou aos meus olhos. É interessante que o tom de voz dos meninos mudou quando lhes perguntei sobre oração. Até o meu próprio filho, que é muito animado, parecia um Francisco de Assis enquanto respondia: tranquilo, manso, reverente (devo dizer, porém, que esse instante logo passou). Essa atitude indicou, a meu ver, que mesmo ainda jovens somos condicionados a crer que a comunhão com Deus é uma espécie de "transe teológico" superior. A atitude dos meninos refletia o que eles viram outros fazerem na tentativa de serem "religiosos". Eles não faziam ideia de como responder à pergunta com exatidão, mas com certeza encenaram um bom show enquanto falavam sobre o assunto!

Quando pensei sobre isso, tive de confessar que muitas vezes fiz o mesmo, e tenho certeza de que você também. Pense nisto: quantas vezes nos pediram para orar em público e, em vez de falarmos com Deus da maneira e com as palavras que usamos em casa, adotamos nossas vozes "espirituais", um vocabulário religioso e uma postura piedosa?

Com certeza, não é assim que Deus quer que nos relacionemos com ele. Então, o que a Bíblia realmente nos diz sobre oração? Aquele parecia um bom momento para ir até a fonte e investigar.

O que a Bíblia nos diz sobre oração?

Ao me debruçar sobre a Bíblia, procurando o que Deus tem a dizer a respeito da oração, algumas coisas ficaram claras imediatamente:

- "Se eu acalentasse o pecado no coração, o Senhor não me ouviria; mas Deus me ouviu, deu atenção à oração que lhe dirigi" (Salmos 66:18-19).
- "Tudo o que pedirem em oração, se crerem, vocês receberão" (Mateus 21:22).
- "Eu [Jesus] farei o que vocês pedirem em meu nome, para que o Pai seja glorificado no Filho" (João 14:13).
- "Esta é a confiança que temos ao nos aproximarmos de Deus: se pedirmos alguma coisa de acordo com a sua vontade, ele nos ouve" (1João 5:14).

Em uma segunda reflexão, mesmo com essas instruções "claras", eu ainda tinha perguntas. Então decidi investigar mais de perto essas quatro diretrizes.

Um coração puro

De acordo com Salmos 66:18, a nossa pureza de coração é tão essencial que se "[acalentássemos] o pecado no [nosso] coração, o Senhor não [nos] ouviria". E em Salmos 51:10, Davi insiste para que Deus lhe dê um "coração puro".

O que é exatamente um "coração puro"? Puro até que ponto? Do tipo que é lavado e esfregado até podermos ver nosso próprio reflexo? Ou do tipo que passa por uma arrumação rápida antes que os convidados cheguem?

Nós, mulheres, somos levadas pelos nossos hormônios a viver em uma dança de emoções durante a maior parte de nossas vidas. Então, o que fazer naqueles "dias do mês" em que não nos sentimos muito santas ou algumas vezes nem mesmo mentalmente equilibradas? Será que Deus ouve as nossas orações quando nossas emoções estão em uma montanha-russa? E se quisermos ter um coração puro, mas estivermos tendo dificuldades com isso? E se *acreditarmos* que temos um coração puro, mas existir alguma pequenina semente de falta de perdão enterrada bem lá no fundo, da qual nos esquecemos? Será que somos responsáveis somente pelos pecados de que lembramos ou por toda pequena ofensa que cometemos durante toda a nossa vida?

Recebi a carta de uma mulher que sofreu abuso sexual do pai quando criança. Ela estava preocupada, pois havia bloqueado meses daquele tempo devastador da sua infância e simplesmente não conseguia se lembrar do que aconteceu. "Como posso ir a Deus com o coração puro, se não consigo me lembrar de grande parte daquela época terrível? Será que Deus vai me responsabilizar por isso?", ela me perguntou.

Meu coração ficou dolorido por essa mulher que já havia sofrido tanto e agora era atormentada pela ideia de que as ofensas feitas a ela impediriam suas orações e a seguiriam pelo restante da vida. Eu queria dizer a ela que o milagre da oração é que Deus sabe do que precisamos antes mesmo que lhe peçamos. Quando é nosso desejo sincero ser puras, ele vê isso — quer possamos nos lembrar de cada detalhe das nossas vidas, quer não. Sim, ele quer que cheguemos diante dele com um coração puro, mas também nos diz que ouve os nossos pedidos sinceros. Observe o que o versículo 19 do salmo 66 diz: "Deus me ouviu..."

Não podemos continuar nos preocupando com o quanto os cantos da nossa alma estão limpos. Se ficarmos presas nesse redemoinho de dúvida e aversão a nós mesmas, isso só nos levará para baixo. Mas se nos apresentarmos diante do Deus que torna novas todas as coisas, crendo que ele conhece a sinceridade do nosso coração, certamente seremos elevadas.

Crer

Com certeza, as palavras de Jesus registradas em Mateus 21:22 causaram muita confusão entre os discípulos: "Tudo o que pedirem em oração, se crerem, vocês receberão." "Tudo" abrange muitas coisas.

Talvez você tenha sido exposta a um ensinamento sobre prosperidade, que parece defender o fato de que "se você consegue pronunciar, pode reivindicar". Essa teologia não é um entendimento exato do que a Bíblia ensina. O ensino equivocado sobre a prosperidade faz uso da maravilhosa verdade de que o nosso Pai é o Rei dos reis e a reduz à conclusão de que, sendo assim, todos nós deveríamos viver como reis nesta terra.

Por exemplo, eu estava trocando de canais na TV certa noite e me deparei com um *talk show* sobre religião. Três universitários eram entrevistados acerca de sua fé. Uma menina segurava a foto de uma Mercedes vermelha conversível e anunciou orgulhosamente que era naquilo que ela "acreditava". Como se fosse aquilo que Jesus tinha em mente para ela!

Contudo, além das interpretações errôneas e autoindulgentes desse versículo, encontra-se um clamor do coração muito mais sério, por parte daqueles que anseiam que Deus intervenha quando a vida estiver desmoronando e que não conseguem entender por que parece que ele não ouve suas orações. De 1987 a 1992, fui coapresentadora do *Clube 700*, com o dr. Pat Robertson. Recebi centenas de cartas dos telespectadores que tinham dificuldades com o entendimento da oração. Diziam coisas do tipo:

- "Orei com fé para que meu marido fosse curado do câncer, mas ele morreu. Onde foi que eu errei?"
- "Ofertei incessantemente para a igreja e para esse ministério, crendo em um milagre nas minhas próprias finanças, mas ainda estou cheia de dívidas. O que estou fazendo de errado?"
- "Mantive-me pura e orei, crendo que Deus me traria um marido, e continuo sozinha. Por que Deus não está honrando as minhas orações?"

Testemunhei esse tormento na vida de várias outras pessoas. Muitas achavam que estavam fazendo algo errado, e que se, pudessem simplesmente descobrir qual era a chave, a situação seria diferente. Você pode imaginar a agonia de acreditar que seu filho ou seu marido não teria morrido se você de alguma forma tivesse resolvido o quebra-cabeças a tempo? Ou a dor da mulher que está em casa sozinha se perguntando onde está a sua alma gêmea, enquanto vê os anos passarem, levando com eles sua capacidade de ser mãe?

A essas situações, acrescente a agonia do silêncio. Se você acredita que de algum modo a realidade que está vivendo, seja ela qual for, é culpa sua, com quem você ousa falar? Como pode dizer essas coisas em voz alta e se arriscar a ver a reprovação nos olhos de outra pessoa?

Creio que esse versículo deixou muitas pessoas sozinhas e perdidas, e para ser sincera: não existe uma resposta fácil. Mas creio que parte do problema seja a nossa tendência de focar apenas em uma parte do versículo. Queremos ouvir tudo sobre "receber" — "O que você vai fazer por mim, Deus? Por que você não me deu o que eu pedi?" — e nada sobre "crer". "Deus, creio em ti totalmente e sei que tu me amas, e hoje isso é tudo o que importa." Deus tem e sempre terá o melhor para você. Assim como nossos filhos olham para nós com fé, sabendo que os amamos e que cuidaremos deles, precisamos fazer o mesmo com o nosso Pai celestial. Não estou dizendo que isso sempre será fácil; podemos ter vontade de bater os pés ou de chorar no travesseiro. Mas precisamos confiar que Deus um dia esclarecerá as coisas.

Em nome de Jesus

No evangelho de João, capítulo 14, versículo 13 lemos que todas as orações que fizermos *em nome de Jesus* serão atendidas para que Deus Pai seja glorificado. Esse é um presente incrível. Entretanto, a autoridade que nos foi dada pode ser algo perigoso. Acho que é fácil acrescentar "Em nome de Jesus, amém" no final das nossas orações sem pensar em todas as implicações do que significa.

Ir a algum lugar em nome de alguém significa que você representa essa pessoa — você recebeu a autoridade para falar por ela. Por exemplo, quando os policiais ou os agentes do FBI se apresentam na casa de alguém, eles se identificam para mostrar que têm a autoridade da instituição que representam e que está por trás deles. Do mesmo modo, quando dizemos "Em nome de Jesus", estamos dizendo que estamos a serviço do Rei. Entender esse princípio me ajudou não apenas a ser ousada na oração, mas a também tomar cuidado para que os meus pedidos estejam em consonância com o caráter de Cristo.

Tenho um novo senso da grande honra que é ser capaz de ir a Deus em nome do seu Filho, e vou me esforçar para não abusar desse privilégio.

De acordo com a vontade do Pai

Na primeira carta de João, o apóstolo esclarece que devemos pedir de acordo com a *vontade do Pai*, e ele nos ouvirá capítulo 5, versículo 14). O que exatamente isso significa? Como deixar de substituir os desejos dele pelos nossos? E mais: como saber qual é a vontade do Pai em determinada situação? De acordo com o meu entendimento, pareceria sempre a vontade de Deus curar uma criança ou restaurar um casamento destruído. Um milagre assim não glorificaria a Deus? E quanto a uma criança que faz uma simples oração de fé em nome de Jesus? Com certeza, Deus atenderia a essa oração.

Meu filho enfrentou esse dilema de partir o coração quando tinha apenas quatro anos. Meu sogro, William Pfaehler, morou conosco por dois anos depois da morte de sua mulher, Eleanor. Tê-lo em nossa casa foi um presente maravilhoso para todos nós, mas principalmente para Christian. Ele amava demais o seu "vovô", e eles se divertiam muito juntos. Certa noite, quando meu marido, Barry, estava na Flórida, William teve um ataque cardíaco e caiu no banheiro. Christian e eu ficamos sentados ao lado dele até os paramédicos chegarem. Ele ainda respirava quando o colocaram na ambulância, mas seus lábios estavam muito azulados. Christian e eu seguimos a ambulância até o hospital. Quando chegamos, o médico informou-nos que William não sobrevivera à viagem.

Christian ficou em silêncio na volta para casa. Tudo o que ele disse naquela noite foi: "Vou sentir falta do meu vovô."

Ele sofreu visivelmente por semanas, e então um dia eu percebi uma sombra de ira cruzar o seu rosto quando ele expulsou a nossa gata, Lily, do sofá. Sugeri que fôssemos dar uma volta e lhe perguntei se ele estava zangado. Com a sua sinceridade de sempre, ele me respondeu que sim.

— Você disse, mamãe, que Jesus ouve as nossas orações e as atende. Bem, eu pedi a Deus para não levar o meu vovô, e ele o levou assim mesmo. Então, de que adianta?

Senti a dor de meu filho. (Há algum cristão que não tenha pensado isso quando parecia que o céu estava em silêncio diante dos seus clamores?) Na sua tenra idade, meu filho teve de experimentar o que significa orar de acordo com a vontade do Pai, quer ele — ou eu — entendesse isso ou não.

Obviamente, há muito mais referente a essa coisa chamada *oração* do que sabemos atualmente. Embora você e eu estejamos reunindo informações sobre a oração ao longo dos nossos dias, nossas vidas são apenas uma partícula do tempo no plano de Deus. Não há como termos a expectativa de entender tudo em nosso tempo limitado aqui na Terra.

É claro que isso não nos impede de querermos entender as coisas, não é? Às vezes, somos tentadas a pensar que sabemos todas as respostas — ou pelo menos a maioria delas. Tiramos conclusões a partir das nossas percepções limitadas, e tentamos nos obrigar, assim como os outros, a acreditar nelas.

A irmã da igreja

Se você fosse fã do programa de televisão *Saturday Night Live* em fins dos anos 1980, certamente se lembraria de uma personagem criada por Dana Carvey. Seu nome era Enid Strict, carinhosamente conhecida como a "irmã da igreja". Ela era a apresentadora muito delicada, correta e temente a Deus de um *talk show* chamado *Conversa de igreja*. Enquanto entrevistava as celebridades, a senhora da igreja usava seu púlpito para criticar o comportamento ímpio delas.

Carvey diz que fundamentou a personagem nas mulheres que ele via na igreja a qual frequentava quando era criança e que controlavam a presença dele e de outros.[1] Acho isso muito triste. Pergunto-me quantas pessoas encontraram uma "irmã da igreja" quando eram pequenas e, por causa da visão estreita dessa pessoa, pensam que Deus as julga de acordo com a frequência delas na igreja, ou que ele responde às suas orações com base na obediência delas a regras definidas pela cultura mais do que pelas Escrituras. Não consigo imaginar quantas pessoas gostariam de abrir o coração para alguém assim. Nas mãos de alguém como a senhora Enid Strict, a oração é uma arma para ser usada contra as pessoas: "Ataque-os, Deus!"

Orar nem sempre é fácil, nem sempre é prazeroso. E não, nem sempre recebemos o que esperamos como resultado desse diálogo. O que eu rejeito firmemente, porém, é a ideia de que Deus é um cruel criador de quebra-cabeças que fica olhando com imparcialidade para ver se conseguimos entender as coisas a tempo. Essa ideia vai contra toda a história revelada pela Palavra de Deus.

Desde as primeiras palavras do Gênesis até a gloriosa conclusão no fim do Apocalipse, o que flui de cada página da Bíblia é uma grandiosa aventura de oração. É uma história de amor sobre um Deus que escolhe o relacionamento acima da obediência cega, que permitiu que seu único Filho fosse torturado e morto para que você e eu pudéssemos ser limpas do pecado que nos separa dele. Deus não tortura o seu povo amado, Deus chama por ele.

Talvez eu tenha encontrado mais perguntas do que respostas neste primeiro capítulo, mas estou convencida de uma coisa: é importante orarmos. Afinal, Jesus não disse *se* você orar, mas *quando* você orar (ver Mateus 6:5).

Em Jesus amigo temos,
Mais chegado que um irmão
Ele manda que levemos
Tudo a Deus em oração!
Oh, que paz perdemos sempre
Oh, que dor no coração,
Só porque nós não levamos
Tudo a Deus em oração!

Temos lidas e pesares
E na vida a tentação;
Não ficamos sem conforto
Indo a Cristo em oração.
Haverá um outro amigo
De tão grande compaixão?
Os contritos, Jesus Cristo
Sempre atende em oração.

E se nós desfalecemos,
Cristo estende-nos a mão,

Pois é sempre a nossa força
E refúgio em oração.
Se este mundo nos despreza
Cristo é nosso em oração
Em seus braços nos acolhe
E nos dá consolação.

— Joseph M. Scriven
(Cantor Cristão, 155, "O grande amigo")

2

POR QUE A ORAÇÃO É TÃO IMPORTANTE?

A oração realmente me ajuda a crescer?

A oração não muda Deus, mas transforma aquele que ora.
— Soren Kirkegaard

Tu perguntaste: "Quem é esse que obscurece o meu conselho sem conhecimento?" Certo é que falei de coisas que eu não entendia, coisas tão maravilhosas que eu não poderia saber. Tu disseste: "Agora escute, e eu falarei; vou fazer-lhe perguntas, e você me responderá." Meus ouvidos já tinham ouvido a teu respeito, mas agora os meus olhos te viram. Por isso menosprezo a mim mesmo e me arrependo no pó e na cinza. (Jó 42:3-6)

Os meus avós maternos e paternos morreram antes de eu nascer, mas minha mãe conta uma história sobre seu pai que acho hilariante. Pelo que entendi, meu avô era um homem muito trabalhador, que tinha uma fé simples. Na hora das refeições, a sua oração de ações de graças padrão era: "Pelo que estamos para receber, que o Senhor nos faça verdadeiramente gratos." Em uma ocasião específica, quando eles estavam com convidados para o almoço depois da reunião na igreja, minha avó pediu que ele "embelezasse" um pouco sua oração de costume.

Ele deve ter se esquecido do pedido dela, porque começou a orar com as palavras de sempre: "Pelo que estamos para receber, que o Senhor nos faça verdadeiramente gratos."

Houve uma pausa perceptível antes que ele acrescentasse: "E faça de mim um bom garoto. Amém!"

Ora, naquela época, meu avô devia estar com uns sessenta anos, mas imagino que essa era a única oração da sua infância de que ele se lembrava. Que pena eu não ter presenciado aquele momento, pois, certamente, teria caído da cadeira rindo histericamente, cumprimentando o meu avô enquanto isso!

Minha avó queria que o meu avô inventasse algumas palavras mais impactantes, mas estou convencida de que o vocabulário que usamos é menos interessante para Deus do que a intenção do nosso coração, pois ele o ouve independentemente dos termos que usamos.

A oração simples — ainda que inesperada — do meu avô traz um questionamento: será que o ato real de orar e de nos lançarmos sobre a misericórdia e a graça de Deus nos transforma? O acréscimo na oração vacilante do meu avô o qual sugeria que apenas por estar na presença de Deus nos tornaríamos meninos e meninas "melhores" seria verdade?

Creio que um dos livros mais poderosos da Bíblia para apoiar e talvez responder a essa pergunta seja o livro de Jó. Fundamento essa afirmação no versículo que citei no início deste capítulo: "Meus ouvidos já tinham ouvido a teu respeito, mas agora os meus olhos te viram" (42:5). Eis uma frase muito curta em um livro muito longo, mas para mim ela contém toda a essência da história de Jó, que diz (e esta é a minha paráfrase): "Deus, eu havia ouvido falar de ti antes, eu sabia de todas as coisas maravilhosas que fizeste. Mas agora que estive no ringue contigo por vários rounds, tenho um tipo de relacionamento completamente diferente contigo e um novo entendimento da tua grandeza."

Esta é uma das muitas coisas que acho interessantes sobre a história de Jó — ele é descrito em termos muito glorificantes no início da história, mas ainda assim admite que pode aprender mais. Essa não é a história de um homem traiçoeiro que encontrou Deus e foi convertido por essa experiência, e sim de um homem piedoso que por meio da tragédia e de um diálogo muito amargo com o Criador chegou a um entendimento inteiramente novo de quem Deus é. Em outras palavras, ele não foi um homem transformado de "mau" para "bom", mas de "bom" para "melhor"!

Acho que isso deveria acontecer com cada uma de nós. Mais especificamente, tenho sede disso em minha própria vida — que a minha vida de oração se torne tão vibrante e intensa, que a cada instante eu não possa fazer outra coisa senão ser transformada.

Veremos a seguir o que fez Jó se projetar da posição de um homem que honrava a Deus enquanto permanecia no controle da sua própria vida à posição de alguém prostrado sobre o seu rosto, agarrando-se a Deus, a quem não restava nada mais senão a verdade.

A vida muda em um instante

A história de Jó começa assim: "Havia um homem na terra de Uz, cujo nome era Jó; e era este homem íntegro, reto e temente a Deus e desviava-se do mal" (Jó 1:1).

Muitos estudiosos e teólogos analisam o livro de Jó dentro do contexto do sofrimento humano, por motivos plausíveis. A sua história contém todos os elementos do sofrimento que poderiam dizimar uma alma.

Jó era um homem moralmente reto, tinha sete filhos, três filhas, e uma grande extensão de terra para os seus animais. Na verdade, ele era um dos homens mais ricos do mundo naquela época. "E o seu gado era de sete mil ovelhas, três mil camelos, quinhentas juntas de bois e quinhentas jumentas; eram também muitíssimos os servos a seu serviço, de maneira que este homem era maior do que todos os do oriente" (1:3).

Entretanto, no curso de um dia, Jó perdeu tudo. Seus filhos foram mortos em um acidente estranho, e o seu gado foi levado pelos inimigos. Todos os seus servos foram mortos, menos um que ficou com a terrível missão de transmitir a notícia ao patrão.

A reação de Jó foi surpreendente. Como qualquer um de nós faria, ele rasgou as vestes, raspou a cabeça, e caiu no chão enquanto a dor o tomava em ondas. Eis o que ele disse: "Saí nu do ventre da minha mãe, e nu partirei. O Senhor o deu, o Senhor o levou; louvado seja o nome do Senhor" (1:21). Estou certa de que ele fez essa oração de sacrifício com lágrimas descendo pelo rosto, mas a fez mesmo assim.

A mulher de Jó não conseguia entender como seu marido ainda podia honrar a Deus diante de tamanha tragédia, e sugeriu que ele amaldiçoasse o Senhor e morresse.

Ora, essa mulher tem sido difamada em muitos sermões e livros, mas preciso dizer que tenho uma grande empatia por ela. Oro para que, se uma tragédia cair sobre a minha família, pela graça de Deus, eu tenha o mesmo coração de Jó, mas não tenho certeza de que chegaria a ter essa atitude no primeiro dia. A mulher de Jó deu à luz os dez filhos deles, carregou cada um por nove meses, os alimentou e os segurou nos braços quando eles choravam à noite, e de repente todos eles se foram. Naqueles dias, os filhos e a riqueza eram vistos como sinais do favor de Deus, por isso não posso culpá-la por presumir que Deus tinha acabado com eles.

Jó, entretanto, não estava convencido. Lemos que em tudo o que aconteceu naquele dia, Jó não pecou nem acusou Deus de nenhum mal (1:22). Ele reconhecia o grande mal e a calamidade, mas não o culpou. Jó sabia que ele não envia a tragédia sobre os seus filhos.

Não pense que isso o impediu de compartilhar com Deus as suas emoções nuas e cruas. No decorrer da história, Jó coloca tudo o que ele um dia considerou ser verdade na mesa da sua alma e reexamina cada detalhe, às vezes, amargamente. Jó obviamente sentiu-se capaz de desabafar a agonia que o abatia. O que era algo bom, considerando que cada um dos seus amigos bem-intencionados aumentou ainda mais a sua dor, intensificando a sua ira com diversos comentários. Por que costumamos nos esquecer com tanta frequência de controlar o que dizemos quando estamos consolando os outros? Como minha amiga Barbara Johnson costuma dizer: "Quando a dor é muita, as palavras devem ser poucas."

Lembro-me de passar um tempo com uma mãe que perdeu a filha naquele dia brutal de 1999, quando 12 alunos e um professor da Columbine High School em Littleton, Colorado, foram baleados e mortos. Ela me disse que no culto em memória da menina alguém lhe perguntou o que ela faria agora com o quarto de sua filha.

Palavras impensadas são como o sal esfregado em uma ferida aberta. Jó nos deu algumas percepções do que ele pensava sobre as palavras lhe dirigidas por sua esposa e por seus amigos.

O que é interessante para nós, leitoras da história de Jó, é que nos é mostrado um lado da história que ele nunca soube. É como se estivéssemos assistindo — enquanto uma peça se desenrola — a coisas sobre as quais o personagem principal não tem conhecimento. Em um palco lateral, Satanás disse a Deus que Jó só era leal a ele porque a vida dele era boa demais. Afirmou que se Deus tirasse todas as coisas que ele amava e com as quais contava, então Jó o amaldiçoaria sem hesitar.

Sempre tive dificuldades com a reação de Deus. Em vez de mandar Satanás embora da sua presença, ele permitiu que a família e a riqueza de Jó fossem atacadas. Muitos livros maravilhosos foram escritos sobre a história de Jó, de modo que não tentarei resumir o conteúdo deles aqui. Quero apenas dizer que, se Satanás me procurasse e pedisse para provocar o caos em minha família, temo que a minha reação não seguiria o padrão de Deus de uma maneira tão primorosa como a reação descrita no livro de Jó.

Digo isso porque já passei pelos meus próprios momentos de teste.

Não posso passar por isto, Senhor!

A dor é capaz de reduzir nossas conversas com Deus ao que importa e ao que sabemos ser verdade. Posso pensar em diversas situações em minha vida nas quais o meu envolvimento deliberado com a oração foi algo transformador. Escrevi sobre muitas delas, por isso não dedicarei muito tempo a isso agora.[1] Mas se você não me conhece tão bem, quero que entenda o impacto profundo que um desses momentos dolorosos exerceu sobre a minha vida de oração e sobre o meu relacionamento com o Pai.

Casei com Barry aos 38 anos, e estávamos conscientes de que talvez não tivéssemos filhos. Portanto, ficamos muito exultantes quando, em 1996, aos quarenta anos, fiquei grávida do meu primeiro e único filho (até o momento).

É claro que quase imediatamente a dúvida começou a se esgueirar — pelo menos em mim. Sabia que Barry seria um pai maravilhoso, pois ele ama crianças, e eu havia observado como elas se sentiam atraídas por ele.

Até então eu não tinha nenhuma experiência com essa coisa de criar filhos, por isso não estava tão segura acerca de mim mesma. Eu sabia que seria uma boa mãe, porque eu *decidiria* ser. (E, se há uma coisa que sou, é determinada quando me decido a fazer alguma coisa!) Simplesmente não sabia se eu sentiria todas as coisas que as outras mães parecem sentir. Nunca fui o tipo de pessoa que queria segurar os filhos dos outros. Naquela época, eu não me dei conta de que no dia em que meu filho nasceu, uma parte de mim também nascia.

Aproveitei a minha gravidez, embora eu vomitasse desde a manhã até a noite durante os três primeiros meses. O tempo passou rapidamente, e um dia o ultrassom mostrou que teríamos um menino. Foi uma grande notícia para nós dois e lembro-me de sair do consultório médico naquele dia e dirigir até uma loja em Laguna Beach, Califórnia, onde morávamos na época, para comprar seis roupinhas azuis.

Minha vida era perfeita.

Até que, em um instante, nosso caminho fez uma curva repentina e brusca. Minha médica ligou e disse que achava que havia algo errado com o bebê. Ela queria fazer uma amniocentese. Eu não queria passar por esse procedimento, mas ela me convenceu a isso, dizendo que quando chegasse a hora de o bebê nascer, ela saberia com o que estava lidando.

Foi uma experiência muito difícil ver a imagem do nosso bebê novamente — desta vez não para definir o sexo, mas para ter certeza de que a agulha que estava retirando o fluido amniótico não estava tocando nele. Chorei durante todo o trajeto para casa e depois esperamos pelas notícias. Não sou boa em esperar, mas eu não tinha escolha.

Quando minha médica ligou vieram as más notícias: definitivamente havia algo errado com o bebê, mas não saberíamos a extensão do problema até que ele nascesse.

Eu e Barry choramos. Decidimos não contar às nossas famílias por algum tempo. Eles haviam acabado de receber a maravilhosa notícia de que era um menino, e não queríamos tirar aquela alegria deles. Barry é filho único, portanto nosso bebê seria o primeiro neto dos seus pais.

Durante as semanas seguintes, simplesmente seguimos com a nossa vida normal, mas comecei a sentir uma mudança sutil em meu coração com relação a Deus: eu estava ficando zangada. Guardei aquilo dentro de mim por algum tempo, até certo dia, de manhã cedo, quando fui caminhar pela praia. Eu estava em um trecho tranquilo e solitário, então pude extravasar meus sentimentos.

Por que fizeste isto, Deus?

Por que deixaste que eu engravidasse, se sabias que isto aconteceria?

Isto é apenas mais uma coisa pela qual estás pedindo que eu passe para que possa entender melhor as outras mulheres quando elas sofrem? Nesse caso, desisto!

Se eu tivesse o teu poder, jamais permitiria que aqueles que amo sofressem!

Não posso passar por isto, Senhor!

Entendo que essas orações podem ser perturbadoras para alguns que nunca acreditaram ser apropriado questionar Deus. Não estou contando a minha história por sensacionalismo; não está em meu coração chocar as pessoas, mas apenas dizer a verdade. Naquele momento de minha vida, era ali que eu me encontrava: em um momento de falta de confiança em Deus. Sentia-me completamente fora de controle, e isso realmente me assustava.

Seja sincera: você nunca se sentiu assim? Nunca ficou desesperada para recuperar o controle quando a sua vida fez uma curva drástica e inesperada? Imagino que sim, afinal, o nosso mundo é imperfeito.

Mas Deus entende e permite a nossa dúvida. Por quê? Porque, se a usarmos de maneira produtiva em nosso relacionamento com ele, seremos transformados.

Sim, existe verdade na alegação de Satanás de que quando a vida de Jó estava seguindo calmamente, era relativamente fácil para ele manter uma atitude de gratidão para com Deus. O que Satanás não percebeu, porém, é que quando nós, humanos, revelamos a nossa alma e desabafamos, mesmo que seja em amargura, Deus está ali e passamos a conhecê-lo mais profundamente do que nunca.

Lembro-me de ter pensado: "Bem, é aqui que a coisa fica estreita. Ou este Deus a quem tenho seguido desde os 11 anos é grande o bastante para lidar com as minhas perguntas, o meu medo e a minha raiva, ou ele não é o todo-poderoso. Preciso saber."

Então, eu o testei, questionei a sua vontade. Todas as vezes que expressava para ele o meu medo e a minha fraqueza, ele estava ali comigo. Em princípio, eu não queria reconhecer a sua presença. Era como se, ao fazer isso, eu estivesse dizendo que aceitava o que estava acontecendo. De alguma maneira estranha, era quase como se eu achasse que meus protestos manteriam a dor longe de mim.

Embora continuasse a sofrer, eu estava profundamente consciente do consolo e da compreensão de Deus. Com o tempo abri meu coração ao que ele estava me dizendo. Todas as passagens bíblicas escondidas em meu coração desde que eu era criança agora se tornavam quase literalmente o meu sustento diário:

- "O SENHOR está comigo, não temerei. O que me podem fazer os homens?" (Salmos 118:6).
- "O SENHOR é a minha luz e a minha salvação; de quem terei temor? O SENHOR é o meu forte refúgio; de quem terei medo?" (Salmos 27:1).
- "Não tenham medo, eu os redimi. Eu os chamei pelo nome. Vocês são meus. Quando estiverem atolados até o pescoço em problemas, estarei lá com vocês. Quando estiverem atravessando águas profundas, vocês não se afogarão. Quando estiverem entre a cruz e a espada, não será um beco sem saída — porque eu sou o Eterno, o seu Deus pessoal, o Santo de Israel, seu Salvador. Paguei um preço altíssimo por vocês (...) Vocês significam *muito* para mim! Sim, eu os amo *tanto* assim! Eu venderia o mundo inteiro para comprar vocês de volta; trocaria a criação inteira só por vocês" (Isaías 43:1-4, MSG).

E lenta, mas seguramente, à medida que as semanas passavam, eu encontrava uma força que nunca tive. Ela não tinha nada a ver comigo. Não me via nem um pouco mais forte do que era. Na verdade, muito ao contrário. Tornei-me consciente de que Deus estava bem ao meu lado e que, quando eu caísse, ele me levantaria. Ele me transmitiu sua própria força.

Eu não entendi

Quando Christian nasceu na sexta-feira, 13 de dezembro de 1996, às 5h20min da manhã, ele veio ao mundo como um garotinho perfeito. Duas semanas antes do seu nascimento, minha médica ligou e me disse que a pasta sobre a minha amniocentese foi trocada com a de outra paciente de quarenta anos, e que os resultados não correspondiam à minha real condição.

A minha reação inicial foi um estado de felicidade plena; fiquei muito feliz por saber que Christian ficaria bem. Mas quando peguei o telefone para contar a maravilhosa notícia a Barry, parei por um instante. De repente, percebi que em algum lugar havia outra mãe recebendo um telefonema muito diferente. Caí de joelhos e orei por ela. Perguntei-me quem seria e se conhecia o Salvador. Sabia que a médica não poderia me dizer seu nome, mas chorei por ela. Perguntei-me, também, se Deus na sua soberania havia me permitido levar o fardo dela durante os meses que se passaram. Jamais saberei.

Você talvez esteja pensando que todo o medo, toda a minha dúvida, todos os meus questionamentos a Deus, portanto, foram em vão, mas estaria errada. Sei que esse tempo tão intenso me transformou.

Três anos depois, enfrentamos outro período de medo com Christian. Embora se tratasse de mais um alarme falso, durante o curto período em que o meu filho passou por exames para leucemia e tivemos de esperar pelos resultados, eu tinha uma consciência aguçada da presença de Deus. Ainda sentia medo, mas meu coração estava totalmente aberto para Deus, sabendo que o que quer que enfrentássemos, ele nos ajudaria a atravessar. Eu havia aprendido a falar com Deus e a ouvir a sua voz o dia inteiro. Eu sempre precisara dele com essa intensidade, mas não estava ciente dessa necessidade.

Do mesmo modo, no fim da sua história, Jó é um homem diferente daquele que conhecemos no início, íntegro e honrado. Obviamente, ele era um bom homem de negócios, um líder e um excelente pai.

À medida que caminhamos com ele em meio às perdas devastadoras, inclusive da própria saúde física, vemos Jó questionar até mesmo o motivo pelo qual havia nascido. Vemos como ele clama a Deus por respostas. E depois, vemos como Deus lhe responde gloriosamente. Apenas por um instante, é como se Deus puxasse a cortina que divide o céu e a terra, e permitisse que Jó tivesse um vislumbre da sua grandeza. Jó fica completamente maravilhado com essa revelação. Quando o mundo visível é beijado pelo invisível, Jó tem acesso ao panorama completo e é transformado para sempre por ele.

O que é invisível é muito mais real do que aquilo que vemos com nossos olhos humanos, e Jó recebeu o dom de ter um vislumbre da nossa realidade eterna. Creio que uma das diferenças mais profundas que a oração faz em nós é exatamente esta: ela nos faz entender o panorama completo. As perdas de Jó o colocaram de joelhos, e depois, caído sobre o seu rosto. Quando finalmente conseguiu levantar-se novamente, ele era uma pessoa diferente, assim como eu. Não é possível viver esse tipo de revelação dramática do caráter e do poder de Deus e continuar o mesmo.

A oração é a nossa linha da vida entre o mundo que podemos ver e o mundo espiritual, que é a nossa realidade eterna. A oração nos transforma, tornando-nos melhores", como meu avô mencionou — com "melhores" quero dizer que nos lembramos do que é verdade em contraste com o que pode parecer verdade no momento. Penso em "melhor" com o significado de ter a nossa visão focada e a nossa audição sintonizada enquanto ficamos face a face com um Deus que pode mover não apenas montanhas, mas os nossos corações.

Se a oração é um elemento tão crucial para as nossas vidas como cristãos, se ela é uma ferramenta tão poderosa nas mãos de Deus para nos transformar, por que é tão difícil orar?

Pelo amor de Deus bendito,
Vai tudo bem!
Seu amor é infinito:
Tudo está bem!
Esse amor nos tem provado.
Em seu filho muito amado,
Que, por nós, foi imolado.
Sim, sim, 'stá bem!

Cristo, agora, o cetro empunha:
Vai tudo bem!
Quem morreu é quem governa:
Tudo está bem!
Seu amor é imutável,

Seu poder inabalável,
Seu cuidado é incansável,
Sim, sim, 'stá bem!

A fé canta na tristeza:
Vai tudo bem!
Canta, sim, e com firmeza:
Tudo está bem!
Pois se Deus é quem nos guia,
Ternamente nos vigia,
Com bondade, noite e dia.
Sim, sim, 'stá bem!

Por caminhos escabrosos,
Vai tudo bem!
Ou por mares tormentosos,
Tudo está bem!
A Jesus tudo obedece;
Sempre o mesmo permanece!
Nem um só dos seus esquece!
Sim, sim, 'stá bem!

Quer na vida, quer na morte,
Vai tudo bem!
Quão feliz é nossa sorte!
Tudo está bem!
Pelo sangue resgatados,
E do mundo separados.
Sempre por Jesus guardados.
Sim, sim, 'stá bem!

— Mary B. Peters
(Harpa Cristã, 52, "Tudo está bem")

3

POR QUE É TÃO DIFÍCIL ORAR?

Se a oração realmente é tão importante para Deus, não deveria ser mais fácil orar?

Quando um aluno de doutorado em Princeton perguntou: "O que resta no mundo para a pesquisa da dissertação original?", Albert Einstein respondeu: "Informe-se sobre a oração. Alguém precisa se informar sobre a oração."
— Citado no *Leadership Journal* (inverno de 1983)

Entregue suas preocupações ao Senhor, e ele o susterá; jamais permitirá que o justo venha a cair. (Salmos 55:22)

Jamais esquecerei o dia 13 de janeiro de 2007 — o dia em que o meu filho fugiu de casa. Eu sempre soube que essa era uma possibilidade. Quando meu irmão Stephen tinha mais ou menos a idade de Christian, de vez em quando ameaçava fugir. Ele fazia a sua pequena mala com todos os seus objetos mais preciosos e a colocava junto à porta — como uma advertência. Ele nunca partiu realmente, mas a ameaça estava ali.

O que eu não havia previsto com relação a Christian era que ele me diria que estava partindo.

Tínhamos acabado de almoçar, e eu estava limpando a mesa quando ele me perguntou se eu poderia lhe dar uma garrafa térmica com chocolate quente. Perguntei se ele estava saindo para jogar futebol, e ele respondeu:

— Não, mamãe, estou fugindo de casa.

— Uau! Isso é fantástico — disse eu. — Você tem ideia de para onde vai?

— Para o norte, eu acho... Sim, vou para o norte — respondeu ele.

— O norte é bom — comentei. — Sempre gostei do norte. Você se importa se eu perguntar por que você vai agora? Sabe, neste momento da sua vida?

— Pense nisto, mamãe: nunca acontece nada aqui. Tem você e o papai, e os dois cachorros, e isso é tudo! Como é que eu vou ter histórias para contar? — respondeu ele.

— É um bom motivo — concordei. — E o que você vai fazer para arranjar dinheiro?

— Acho que virei para casa nos fins de semana — respondeu.

— Bem, isso é ótimo — disse eu. — Do que mais você precisa?

— Vou levar uns dois bons livros, o cobertor do cachorro, um pacote de biscoito... e acho que vou levar a pistola de bolas que papai me deu no Natal.

— Eu não levaria a pistola — avisei. — Você só tem permissão para usá-la com a supervisão de um adulto.

Ele pareceu muito desanimado.

— O que farei se houver cobras?

— Derrame chocolate quente nelas — sugeri. — Ouvi dizer que elas detestam isso.

Finalmente a mochila de Christian estava cheia, e ele me deu um grande abraço antes de sair pela porta dos fundos.

— Onde vai ser a sua primeira parada? — perguntei.

— Acho que vou parar perto da grande e velha árvore junto ao lago — disse ele.

— Ótima escolha. Eu amo você! Dê notícias!

Falei, enquanto ele saía.

Assim que ele chegou até a porta, corri para cima, e fui para a pequena varanda da sala de jogos. Ela dá uma visão clara da velha árvore. Bom, isso me ajudaria por algum tempo, mas eu ainda tinha de inventar uma estratégia para manter Christian à vista quando ele saísse dali. Decidi que levaria os cães para passear, e o seguiria. Se ele me visse, eu simplesmente fingiria estar surpresa e diria: "Puxa, desculpe. Eu não fazia ideia de que aqui era o norte!"

Observei enquanto Christian sentava-se no cobertor e tirava um de seus livros da mochila. Embora se considerasse "crescido", ele ainda parecia um garotinho para mim. Observando-o, meu coração doeu pensando no dia em que ele sairá para o "norte", para a vida adulta.

Cerca de 15 minutos depois, ele começou a recolher suas coisas. Fiquei observando para que lado ele iria, pronta para sair atrás dele com a velocidade da luz. Ele ficou em pé por alguns instantes olhando para a direita e depois para a esquerda — aparentemente o norte não é tão fácil de identificar como se pode supor. Ele pegou sua mochila e a colocou novamente no chão... e a pegou de novo. Então, percebi que ele estava vindo para casa. Corri para baixo e estava com os braços afundados até os cotovelos em água e sabão quando ele entrou pela porta dos fundos.

— Bem-vindo ao lar! — disse eu.

Ele passou por mim, resmungando: "Good times, good times" [Bons tempos, bons tempos] (para os não iniciados, essa é uma música de Billy Ray Cyrus que ficou popular nos Estados Unidos no programa da Disney Kids *Hannah Montana*).

Naquela noite, quando os cachorros já tinham recuperado o cobertor deles, e Christian estava enfiado na cama, perguntei-lhe como havia sido a aventura para ele.

Ele respondeu:

— Eu me diverti, mamãe. Mas teria me divertido mais se minha mochila não estivesse tão pesada.

Lance as suas preocupações sobre ele

Pensei no comentário de Christian por algum tempo naquela noite — e tenho pensado nisso desde então. Fiquei pensando em quantos de nós ficamos nos sentindo oprimidas por causa das coisas que carregamos por aí, dia após dia, até que a nossa bagagem atrapalhe o nosso prazer pela jornada. E mais: perguntei-me por que deixamos isso acontecer. A bagagem é inevitável; quem dentre nós pode passar pela vida sem recolher um pouco de vergonha, de medo ou de insegurança, não é mesmo? A questão é por que insistimos em nos agarrar a essas coisas, protegendo com ciúmes o nosso lixo como se valesse a pena guardá-lo?

A Bíblia nos lembra para lançarmos as nossas preocupações sobre o nosso Pai, porque ele nos ama e não permitirá que seus filhos venham a cair (Salmos 55:22; 1Pedro 5:7). Embora tenhamos o convite claro de Deus para desfazermos as nossas malas pesadas, parece que achamos muito difícil fazer isso. Preferimos carregar esse peso conosco a aceitar a oferta de Deus.

Algumas semanas depois da tentativa de fuga de Christian, eu estava pregando em uma igreja em um domingo pela manhã, e fiz duas perguntas:

1. Como seria se entrássemos por aquelas portas nessa manhã com toda a nossa "bagagem" visível?
2. Por que razão carregaríamos nossa bagagem de volta para casa conosco em vez de descarregá-la em oração?

Após o culto, fiquei por ali por algum tempo a fim de estar disponível caso alguém quisesse conversar. Eis algumas das respostas que as pessoas deram:

- "Não tenho tempo para orar."
- "Estou cansada demais para orar."
- "Começo bem, mas depois me distraio."
- "Para ser sincera, não tenho certeza de que Deus me ouve."

Identifico-me com essas preocupações, mas estou convencida de que, se pudéssemos entender que a oração é um presente, e não uma obrigação, que é algo que devemos aguardar com ansiedade, e não uma avaliação, isso revolucionaria as nossas vidas. Não se trata de como oramos bem, mas de *quem* está ouvindo as nossas orações.

Por que não oramos?

Então a minha pergunta é esta: se a oração é um presente de Deus para nos ajudar a viver neste planeta caído, por que achamos tão difícil orar? Vamos ver algumas das ideias compartilhadas pela congregação naquela manhã de domingo.

Ocupada demais

Dizer que não temos tempo para orar indica que tudo o mais que consome nosso tempo é mais importante ou mais significativo que a oração. Talvez não acreditemos que isso seja verdade, mas *vivemos* como se fosse. Eis um exemplo.

Sei que nada afetará mais a vida do meu filho que a oração. Deus o projetou e o conhece por dentro e por fora. Ele sabe as coisas que Christian diz a seu pai e a mim e as que ele guarda escondidas no seu coração. Ele sabe onde meu filho cairá e como ele se levantará. Ele entende as esperanças, os sonhos, os medos e as inseguranças de Christian.

Eu não vejo sempre essas coisas tão claramente quanto Deus, é claro, mas isso não significa que não devo estar atenta a elas. Ao contrário, uma das partes mais importantes do meu papel como mãe é, naturalmente, orar pedindo pela proteção de Deus sobre a vida de Christian. Mas observando como divido o tempo que passo com ele, noto que passo a maior parte "fazendo" coisas por ele e não intercedendo em favor dele diante do trono da graça. Não estou querendo ser irrealista ou me condenar como mãe impiedosa. É fato que existem coisas que precisam ser feitas a cada dia. Christian precisa ser alimentado, ter roupas limpas para a escola e uma casa para morar que não pareça um terreno em que Átila, o Huno, acabou de marchar com as suas tropas. Oro por ele a caminho da escola e depois de tê-lo deixado, e oramos juntos à noite, e até recentemente eu sentia que com isso cumpria o meu dever com respeito à oração.

Ao escrever este livro, porém, fiquei ciente de que as minhas convicções não estão compatíveis com o meu comportamento. Se acredito sinceramente que o maior presente que eu poderia dar ao meu filho é o tempo dedicado à oração em seu favor, isso deveria ter precedência acima de uma multidão de outras coisas que realmente não importam.

Por exemplo, quando o Natal de 2006 se aproximava, eu sabia que Christian realmente esperava ganhar um novo videogame. Eu também sabia que haveria poucas unidades disponíveis. Passei horas indo de uma loja à outra para descobrir quando cada uma delas esperava receber o artigo e quantas unidades aguardavam. Eu sabia que, se meu filho acordasse na manhã de Natal e o videogame não estivesse esperando por ele, ele ficaria decepcionado.

Refletindo, vejo que havia uma urgência na compra desse presente que muitas vezes falta na minha vida de oração. O novo videogame manterá o interesse dele no máximo por alguns anos, diferentemente das orações que poderiam afetar o seu destino para sempre.

Algo ainda mais importante é o fato de que quando não reservo tempo significativo para orar por Christian, carrego o fardo não apenas das minhas necessidades, como também o que quer que possa estar acontecendo na sua jovem vida. Em vez de permitir que Jesus leve as nossas preocupações sobre seus ombros, carrego-as comigo dia após dia, esgotando a energia que poderia dedicar a outras coisas em nosso favor.

Pense na sua própria vida por um instante. Seja você uma mãe e dona de casa ou que trabalha fora, ou não seja mãe, seja você casada ou solteira, jovem ou aposentada, existe um milhão de coisas que são exigidas de você. Como mulheres, as pessoas naturalmente contam conosco para mantermos tudo em ordem e para criar uma atmosfera de paz e de amor. Isso é muito para qualquer mulher fazer sozinha, não é?

Mas não temos de lidar com isso sozinhas, pois Cristo oferece trocar os nossos fardos pesados por um feito sob medida, que é muito mais leve. Não há desculpas, nem mesmo o excesso de tarefas. O retorno é importante demais.

Cansada demais

Não sei quanto a você, mas geralmente, no fim do dia, fico pensando (mais uma vez): "Como é que o dia de hoje já acabou?" Quando Christian termina o dever de casa e nós jantamos, lavamos a louça, levamos os cachorros para passear, tomamos banho, colocamos mais roupa para lavar do que a quantidade que eu garanto que lavei ontem, e coloco Christian para dormir, o dia acabou — e, francamente, eu também! O peso e o desgaste da vida sugaram cada milímetro de força que havia em mim.

Com certeza, era esse tipo de exaustão que os discípulos de Jesus sentiam quando ele mais precisou deles:

Então Jesus foi com seus discípulos para um lugar chamado Getsêmani e disse-lhes: "Sentem-se aqui enquanto vou ali orar." Levando consigo Pedro e os dois filhos de Zebedeu, começou a entristecer-se e a angustiar-se.

Disse-lhes então: "A minha alma está profundamente triste, numa tristeza mortal. Fiquem aqui e vigiem comigo." Indo um pouco mais adiante, prostrou-se com o rosto em terra e orou: "Meu Pai, se for possível, afasta de mim este cálice; contudo, não seja como eu quero, mas sim como tu queres." Então, voltou aos seus discípulos e os encontrou dormindo. "Vocês não puderam vigiar comigo nem por uma hora?", perguntou ele a Pedro.

"Vigiem e orem para que não caiam em tentação. O espírito está pronto, mas a carne é fraca." (Mateus 26:36-41)

Não há dúvida de que Pedro amava Jesus e era dedicado a ele, mas também era um ser humano de carne e osso, como você e eu. Estou certa de que ele se angustiou quando Jesus o despertou mais tarde, naquela noite. Imagine como Pedro se sentiu quando viu o rosto manchado pelas lágrimas de Jesus e percebeu que havia adormecido em vez de vigiar obedientemente e orar.

A passagem explica que há uma guerra entre o nosso espírito e a nossa carne, entre querer fazer mais e querer comemorar antes. Naturalmente, costumamos trazer isso para nós mesmos, fazendo coisas demais. (Releia a seção anterior se você já esqueceu!) O apóstolo Paulo descreve a sua batalha entre o espírito e a carne em Romanos 7. Ele escreve: "Por que não faço aquilo que quero, mas em vez disso faço o que não quero?" (v. 15, paráfrase da autora). Estou certa de que Paulo sabia que quando relegamos a oração ao último lugar da nossa lista de prioridades, não nos resta energia suficiente para fazer mais do que murmurar algumas frases costumeiras antes de darmos o dia por encerrado.

Portanto, precisamos trabalhar conscientemente no sentido de aumentar a nossa energia para orar. Cristo foi o nosso modelo de como viver nesta terra com todas as suas alegrias e seus desafios, e nos incentivou a observar como ele fazia isso. Quando os amigos de Jesus pediram para ensinar-lhes a orar, ele deu a eles — e a nós — um padrão para ser seguido:

Vocês, orem assim: "Pai nosso, que estás nos céus! Santificado seja o teu nome. Venha o teu Reino; seja feita a tua vontade, assim na terra como no céu. Dá-nos hoje o nosso pão de cada dia. Perdoa as nossas dívidas, assim como perdoamos aos nossos devedores. E não nos deixes cair em tentação, mas livra-nos do mal, porque teu é o Reino, o poder e a glória para sempre. Amém." (Mateus 6:9-13)

Essa oração não é algo para decorar e repetir no fim de um dia atarefado. Na oração-modelo de Cristo, começamos o dia adorando a Deus e pedindo o pão para aquele dia. Pedimos provisão física, reconhecendo que estejamos em um bom ou em mau momento, tudo o que temos vem de Deus. Pedimos força, graça e coragem para tudo que enfrentaremos naquele dia. Não sabemos o que será, mas o nosso Pai sabe. Pedimos perdão e graça para perdoar, e proteção contra o maligno.

Que maneira maravilhosa de começar cada dia. Encorajo-o a combater a conversa fiada do "Estou cansada demais para orar" com a oração-modelo de Cristo. Depois, à noite, quando você estiver pronta para dormir, as suas orações podem ser orações de ações de graça que nascem de um coração agradecido.

Distraída demais

É importante lembrar que temos um inimigo que não quer que oremos. Ele sabe o quanto a oração é eficaz, por isso está continuamente arquitetando planos para nos tentar a nos esquecermos de orar. Como Guy King escreveu em seu livro *Prayer Secrets* [Segredos da oração]: "Ninguém é um crente mais firme no poder da oração que o diabo; não que ele a pratique, mas ele sofre com ela."[1]

Creio que é fácil ficar tão envolvida com os desafios físicos dos nossos dias que nos esquecemos da batalha espiritual muito real que é travada ao nosso redor. Temos um inimigo que odeia Deus e tudo o que ele ama. Em *Cartas de um diabo a seu aprendiz*, C.S. Lewis descreve poderosamente como Satanás vê a humanidade em comparação com a maneira como Deus a vê. Screwtape, um demônio experiente, escreve a seu sobrinho, Wormwood, um demônio principiante: "Queremos gado que finalmente possa se tornar comida; ele quer servos que possam finalmente se tornar filhos [e filhas]."[2] O nosso inimigo quer nos manter tão distraídas e ocupadas a ponto de nos esquecermos de focar no que realmente importa: nosso relacionamento com o Pai. Família, trabalho, amigos, e até a igreja, se não tomarmos cuidado, todas essas coisas podem acabar tirando de nós a alegria de sermos filhas de Deus.

Jesus sabia disso. Os escritores dos Evangelhos relatam momentos em que Jesus se afastava deliberadamente, não apenas das multidões, mas até de seus amigos, para poder estar a sós com o seu Pai, geralmente por toda a noite. Obviamente ele ansiava por esse tempo para se restaurar.

É claro que nem todos nós somos renovados como Jesus era, quando ficamos a sós. Cada um de nós tem uma personalidade única dada por Deus que afeta o modo como facilmente somos distraídos pelas circunstâncias, estabelecendo o que nos ajuda a redirecionar o nosso foco e o que não nos ajuda. Por exemplo, Barry acha difícil acreditar que eu posso levar meu laptop à minha cafeteria favorita e escrever durante horas, por mais barulho que haja ali. Acho isso fácil, porque o barulho não é meu; se eu não conheço as pessoas que estão correndo de um lado para o outro ao meu redor, posso focar no que estou fazendo. Mas se eu estiver em casa, no instante em que um cachorro pula do sofá, fico imediatamente pensando em alguma coisa do tipo: "Se aquele macaquinho for parar de novo na lareira...!"

Talvez você seja capaz de se concentrar muito bem na sua cozinha ou enquanto espera na fila do ônibus, ou aguardando o elevador no trabalho. O que importa é encontrar um lugar onde você sabe que pode bloquear outras distrações e desfrutar o seu tempo a sós com o Pai, que anseia por passar tempo com você. Mais importante ainda é comprometer-se a combater a nossa tendência humana de nos distrairmos. Algumas vezes, pego um caderno e escrevo vinte coisas que amo sobre ser uma filha de Deus. Penso no que significa para mim quando Christian me diz o que ele ama em mim, então posso simplesmente imaginar que as nossas declarações específicas de amor a Deus são preciosas para ele.

Um dos últimos acréscimos à minha rotina diária é sair para o quintal dos fundos no primeiro momento da manhã e dizer: "Bom dia, Pai. Obrigada porque tu me amas hoje e nada que aconteça comigo ou por minha causa será uma surpresa para ti. Seja meu Pai ao longo deste dia."

Lembre-se de que o inimigo está procurando ativamente nos impedir de cumprir com as nossas tarefas de oração. Uma coisa é ter um local para orar, e outra é decidir conscientemente usá-lo todos os dias. O mesmo Deus que ressuscitou Jesus dos mortos espera por você ali. Que convite!

Não tenho certeza se Deus está ouvindo

Às vezes, achamos difícil orar porque não temos certeza se Deus está nos ouvindo. Foi isso que um homem — ele parecia ter seus quarenta anos, era bem-sucedido, casado, com filhos — me disse certa vez. Quando lhe perguntei por que ele achava que Deus poderia não estar ouvindo, ele respondeu que não podia ver nenhuma evidência de que Deus o ouvira. Disse que esteve na igreja durante a maior parte de sua vida, mas que recentemente vinha se perguntando se alguma coisa do que acreditava era realmente verdade.

Para ser sincera, ele não está sozinho. Ouço preocupações semelhantes em muitos e-mails e cartas que recebo:

- "E se eu estiver apenas enganando a mim mesmo quando penso que Deus está realmente me ouvindo?"
- "Que prova tenho de que a minha oração faz qualquer diferença?"
- "Com tudo o que está acontecendo no mundo, por que Deus se importaria com as minhas preocupações?"
- "Creio que Deus ouve algumas pessoas e outras não."
- "Não creio que eu seja uma das pessoas 'especiais' de Deus."
- "Se Deus está realmente ouvindo, eu não deveria ser capaz de sentir a sua presença?"

Creio que um dos nossos maiores desafios em oração é sentir a presença de Deus. Vivemos em uma era das sensações, em que somos bombardeados por anúncios de soluções rápidas e drogas milagrosas, que afirmam melhorar a nossa aparência e fazer com que nos sintamos melhor. A disciplina da oração não oferece soluções fáceis para as feridas e as preocupações da vida e, em geral, não há qualquer sensação física. Portanto, é tentador acreditar que a oração não vale o tempo gasto.

Mas a oração não se propõe a oferecer uma solução simples, e sim a ser um lugar aonde possamos levar as nossas preocupações e colocá-las aos pés de Jesus. Quando abordamos as nossas petições dessa maneira, elas se tornam não apenas um tempo para testar a resposta de Deus, mas uma oportunidade para liberar as ansiedades da nossa vida.

A porta na parede

Sim, é difícil orar. É muito mais fácil passarmos o nosso tempo livre abatidas e assistindo à televisão do que seguindo o exemplo de Cristo e nos afastando do barulho e das distrações para ter um tempo a sós com o nosso Pai. Todo cristão tem experimentado as dificuldades de uma vida de oração intencional. Mas quando insistimos em ver a oração como um desafio — como uma parede entre nós e Deus — e nos afastamos derrotados, saímos levando os mesmos fardos com os quais chegamos.

Em vez disso, precisamos imaginar que há uma porta nessa parede, como o maravilhoso guarda-roupa de C.S. Lewis, que levou Lucy até Nárnia em *O leão, a feiticeira e o guarda-roupa.* A oração é o nosso escape deste mundo. Como eu já disse, a oração não é uma obrigação ou algo no qual seremos testados no fim de cada semana. É o nosso tempo de engatinharmos para o abraço do nosso Pai e de lançarmos as nossas ansiedades sobre ele. Jesus nos disse que neste mundo teríamos muitos problemas, mas que não deveríamos ter medo, porque ele o venceu (ver João 16:33). É apenas quando somos capazes de calar os ruídos externos e internos que nos lembramos de todas as suas promessas grandiosas feitas a nós.

A oração não é algo que pertence à nossa lista de tarefas a realizar, mas sim à nossa lista de necessidades para viver! Será triste se, quando finalmente comparecermos diante do Senhor e ele nos perguntar: "Você apreciou a jornada?", dissermos: "Sim, mas eu teria apreciado mais se as minhas malas não fossem tão pesadas."

Ó Deus, dá ouvidos à minha súplica,
E não te escondas do meu clamor;
Oh! escuta e responde-me,
Enquanto inquieto e cansado suspiro.
Quem me dera ter asas como a pomba,
Pois então voaria para longe
E buscaria o descanso que tanto amo,
Onde os problemas não podem mais desanimar.

Ó alma, clama a Deus o dia inteiro,
O Senhor para a tua ajuda aparecerá;
À noite, pela manhã e ao meio-dia ora humildemente,
E ele a tua petição ouvirá.

O teu fardo agora lança sobre o Senhor,
E ele a tua fraqueza susterá;
O justo que confia na sua Palavra
Impassível para sempre permanecerá.

— Paráfrase do salmo 55, autor desconhecido

4
MINHAS ORAÇÕES FAZEM A DIFERENÇA?

Se Deus já decidiu o que ele vai fazer, para que orar, afinal?

O problema com as nossas orações é que só oramos como último recurso.

— Will Rogers

O mundo está cheio de pessoas que se julgam guerreiros de oração, mas que nem sabem o que é orar. Utilizam-se de fórmulas, programas, conselhos e técnicas de vendas para conseguir o que querem de Deus. Não façam essa asneira. Vocês estão diante do Pai! E ele sabe de que estão precisando, melhor que vocês mesmos. (Mateus 6:7-8, MSG)

Em 1872, o geógrafo, explorador e estatístico Francis Galton dirigiu um projeto de pesquisa para avaliar se seria possível provar matematicamente se a oração funcionava ou não. Sua teoria era simples; se a oração funciona, então a família real britânica deveria viver mais do que qualquer dos seus súditos, uma vez que estes oravam por eles regularmente nas igrejas e nos lares por todas as ilhas britânicas. Entretanto, quando comparou a longevidade da família real com a do público em geral, ele não viu qualquer diferença. Portanto, o estatístico concluiu que havia provado a não funcionalidade da oração. (Porém, ele não investigou os hábitos alimentares da rainha Vitória ou do príncipe Albert!)

Como Galton se encaixaria no mundo de hoje? Bem, se você perguntar às pessoas nos Estados Unidos se elas acreditam na oração, creio que a maioria diria que sim. O grande divisor de águas seria a maneira como definimos a oração, por que oramos, e para quem acreditamos que estamos orando.

Uma das minhas primas, Jackie, concordaria com a teoria de Francis Galton. A falta de resultados físicos a convenceu de que a oração era uma completa perda de tempo.

Isso aconteceu anos atrás, durante uma visita de Jackie e sua irmã, Maureen. Nossa casa era bastante pequena, de modo que meu irmão Stephen cedeu o quarto dele para elas dormirem, mas com uma lista bem-detalhada do que elas não deveriam tocar. Você pode pensar que isso é muito radical, mas Stephen era muito cuidadoso com as coisas dele, e Maureen e Jackie eram famosas por mexerem no que não deviam. Eu devia saber — peguei Jackie com a mão na massa, mexendo em algo que não deveria. Jackie era fascinada pelo globo de Stephen, e, por mais que se dissesse a ela para não tocar nele, a tentação era demais para ela. Uma manhã, peguei-a com ele. A reação dela? Ela olhou para o globo e, de uma maneira extremamente indignada, anunciou: "Esta coisa está na minha cama de novo!"

Então você pode entender a prudência de minha mãe quando ela desligou da tomada a luminária que ficava ao lado da cama. Ela temia que as garotas se machucassem por causa do fascínio delas por desparafusar qualquer coisa que pudesse ser desmontada.

Deixando de lado a tendência de pegar o que não deviam, nós nos divertimos muito com nossas primas, mas foi a pergunta de Jackie sobre a oração que realmente me balançou. Ela e Maureen não foram ensinadas a orar à noite, por isso minha mãe ensinou-lhes uma oração simples que costumávamos fazer:

Jesus, bom pastor, ouve-me.
Abençoa a tua pequena ovelha esta noite.
Em meio às trevas, fica ao meu lado.
Mantém-me seguro até a luz da manhã.

Uma noite, Jackie disse à mamãe:

— Não sei por que continuamos fazendo esta oração, ela não funciona.

Mamãe perguntou o que ela queria dizer; ela não se sentia segura conosco?

— Não é isso — disse Jackie. — É que oramos por aquela lâmpada — ela apontou para a mesa de cabeceira — já há três noites, e ela ainda não está funcionando![2]

Uma vez que mamãe havia desatarraxado a lâmpada, ela, naturalmente, não estaria funcionando. E o mais importante: uma vez que Jackie havia interpretado aquela oração literalmente, as expectativas dela obviamente não foram atendidas.

Embora essa história seja engraçada, a pergunta de Jackie sobre a oração é muito séria. Por que se incomodar? Por que orar? Se Deus sabe tudo e já planejou o que vai acontecer na vida, então que diferença nossas orações fazem? A oração é somente um exercício para agradar a Deus, como aprender cálculo na escola quando esperamos que nunca, com a graça de Deus, tenhamos de usar isso novamente? Esse é simplesmente um comportamento que nos identifica como cristãos?

Fazendo as coisas por fazer

Os escribas e fariseus certamente acreditavam que a aparência religiosa era crucial para a fé. Esse é um dos motivos pelos quais eles tinham tanta dificuldade com Jesus e seus amigos — os discípulos não se encaixavam no molde religioso tradicional deles. Para os líderes religiosos do tempo de Cristo, a espiritualidade fundamentava-se no seu comportamento externo. De acordo com a mentalidade deles, uma vida de oração forte era caracterizada por gritos altos e clamores a Deus ou por uma aparência de piedade transmitindo ao mundo que, sim, eles estavam jejuando... outra vez! Portanto, para os escribas e os fariseus, os risos e os hábitos entusiasmados dos discípulos de Jesus demonstravam a falta de espiritualidade deles.

Jesus, como sabemos, pensava de modo diferente. Ele via em seus discípulos a promessa de uma vida de oração alegre e saudável — mesmo nos discípulos que outros considerariam incapazes de tal fé. Veja, por exemplo, Mateus, um coletor de impostos.

---

[2] A confusão da menina aconteceu porque ela entendeu lamp (lâmpada) em vez de lamb (ovelha), por isso achou que estavam orando pela lâmpada. (N. T.)

Agora, antes de prosseguir, lembre-se de que embora a simples menção à Receita Federal possa fazer muitas de nós tremer, ela não é nada se comparada ao modo como os coletores de impostos eram vistos em Israel nos tempos de Cristo — cruéis, brutais e predadores. Um exemplo disso é o famoso Sermão do Monte em que Jesus usou os coletores de impostos para dar um poderoso golpe verbal: "Se vocês amarem aqueles que os amam, que recompensa receberão? Até os publicanos fazem isso!" (Mateus 5:46). A implicação foi clara: se vocês acreditam que demonstrar o seu amor por aqueles que os amam é uma indicação de fé, então considerem que até aqueles que vocês desprezam podem fazer isso (obviamente os coletores de impostos eram igualados, digamos, à classe social mais baixa).

Mas Jesus olhou para Mateus e, como somente ele pode fazer, viu além do cargo dele — Jesus olhou para o seu coração. Ele convidou Mateus para deixar a sua velha vida e segui-lo. E, na sua empolgação, Mateus deu uma festa extravagante. Os frequentadores foram um grupo misto de pessoas; com os fariseus e os mestres da lei, Mateus convidou muitos de seus amigos... que, por acaso, eram coletores de impostos. Imagino que Mateus queria que os seus amigos coletores de impostos conhecessem o homem que havia transformado sua vida, mas você pode imaginar o incômodo dos líderes religiosos na sala — e em quem eles colocaram a culpa.

No meio da festa, os fariseus fizeram uma pergunta importante a Jesus:

> Mas os fariseus e aqueles mestres da lei que eram da mesma facção queixaram-se aos discípulos de Jesus: "Por que vocês comem e bebem com publicanos e 'pecadores'?" Jesus lhes respondeu: "Não são os que têm saúde que precisam de médico, mas sim os doentes. Eu não vim chamar justos, mas pecadores ao arrependimento." E eles lhe disseram: "Os discípulos de João jejuam e oram frequentemente, bem como os discípulos dos fariseus; mas os teus vivem comendo e bebendo." (Lucas 5:30,33)

A crítica a Jesus foi clara:

> Os seus amigos não parecem muito piedosos. Se você é quem diz que é, não estaria andando com uma turma como esta. Podemos dizer

pela aparência externa se as pessoas estão próximas a Deus. Se você 'parece' santo, presumimos que você seja santo, e se você 'parece' um pecador, presumimos que você seja um pecador.

É óbvio que para os líderes religiosos, a oração era, antes de tudo, um comportamento para impressionar a Deus e o homem. Ela era importante para mostrar aos outros o quanto uma pessoa era "espiritual".

Se era a isso que a oração se propunha, então não é de admirar que as pessoas questionassem por que deveriam se incomodar em orar! Entretanto, como sabemos, Jesus disse aos fariseus que ele veio para mostrar uma nova maneira de viver, de amar e de orar. A oração não deveria ser um ritual externo a ser riscado da lista de tarefas de alguém, mas uma revolução interna. Assim como eles não derramariam vinho novo em odres velhos que estavam se rasgando, não podiam encaixar a nova vida de Jesus em velhos hábitos.

Como você pode imaginar, os fariseus e os líderes religiosos não ficaram satisfeitos com a declaração de Jesus. Eles estavam felizes com as coisas como elas eram, porque é assim que elas sempre haviam sido.

Assim como eu, você já deve ter se deparado com esse tipo de atitude. Quando eu tinha dez anos, estava em uma turma de fadinhas. (As fadinhas eram o primeiro nível de meninas escoteiras. Embora o grupo seja ligeiramente diferente nos Estados Unidos, as fadinhas são muito populares na Escócia, de onde eu venho.) Eu amava. Dividíamo-nos em quatro grupos: as fadinhas, as margaridas, as sprites e as kelpies. Eu estava feliz por ser uma kelpie, pois as fadinhas tinham de dar muitos saltos, em minha opinião. Eu achava que as kelpies — que tinham como fundamento um velho conto folclórico escocês sobre um cavalo que podia andar debaixo d'água — viviam muito mais aventuras.

Eu gostava de toda a questão das divisas e símbolos que faziam parte de ser uma escoteira — exceto a semáfora, que era obrigatória. A semáfora é um tipo de linguagem de sinais utilizando grandes movimentos com os braços que podem ser vistos a distância (mais ou menos como quando você, no meio da seção de perfumes em uma loja de departamentos, está querendo sinalizar para o seu marido enquanto ele está no setor de eletrônicos). Eu detestava aquilo, pois além do fato de ser difícil de aprender, sentia-me uma completa idiota ao fazer os sinais. Uma garota de dez anos com uniforme de escoteira, parecendo que está tentando fazer um avião aterrissar no meio do saguão inferior da Igreja Batista de Ayr é uma visão que não quero ter nunca mais.

Mas quando reclamei com a srta. Chris, a nossa líder, ela me disse que eu tinha de aprender aquilo. Por quê? "Porque é isso que faz você parecer uma escoteira!"

É assim que muitas pessoas nos tempos de Cristo (e hoje também) consideravam a oração: algo que faz você "parecer" um devoto seguidor de Deus. (Alguns dos fariseus eram tão devotos que ficaram conhecidos como os "fariseus que sangram". Eles oravam com os olhos voltados para o céu e assim batiam nas paredes e tropeçavam nos bodes que passavam!) Para eles, orar não tinha nada a ver com um verdadeiro relacionamento com Deus; era uma semáfora religiosa: exibicionismo para os outros verem.

Algo mais sobre a oração

Então, é assim que devemos ver a oração? Apenas fazer as coisas por fazer? Acreditar que, se Deus já conhece o fim desde sempre, então ela não passa de um ritual externo?

Ou existe algo de verdadeiro na proclamação de Jesus de que a oração tem um propósito interno e eterno?

Sem dúvida, sim! Embora, às vezes, pareça que estamos orando apenas por rotina e repetindo palavras que nos disseram serem as "corretas", a oração é muito mais. É o meio perfeito de comunicação com o nosso Criador. Por si só, isso já é motivo suficiente para orarmos, não é?

Vamos dar uma olhada em alguns dos benefícios da oração.

Tudo a ver com confiança

Creio que um dos motivos pelos quais é importante falarmos com Deus é porque a oração implica confiança, é a nossa maneira de dizer a Deus:

- "Creio que tu estás no controle."

- "Creio que tu me amas."
- "Creio que tu fazes tudo cooperar para o bem, independentemente da aparência das coisas."

As primeiras palavras da oração que Jesus ensinou aos seus seguidores foram: "Pai nosso." A imagem é muito íntima, um convite para vir como uma criança, se enroscar no colo do seu Pai e contar tudo a ele.

Ouvi Donald Miller falar sobre a maneira como os cristãos costumam se aproximar de Deus, como se ele fosse o chefe deles, pedindo desculpas por estarem atrasados ou por não estarem com as tarefas "em dia". Ele lembrou-nos de que Cristo nos deu as boas-vindas para orarmos ao "nosso Pai", e perguntou: "Quando foi a última vez que você se enroscou nos braços do seu chefe e abriu o coração?"

Evitando as óbvias piadas de mau gosto, o ponto de vista de Miller é claro. Somos convidados a um relacionamento de confiança absoluta e para nos achegarmos ao coração do nosso Pai. Quanto mais tempo passamos na presença de Deus, mais a nossa confiança cresce, mesmo quando as coisas não saem como planejamos.

Na primavera de 2006, Barry e eu fizemos algo muito tolo. Compramos uma casa nova antes de termos vendido a em que morávamos. Aconselhei pessoas a não fazerem esse tipo de coisa, mas é impressionante como podemos ficar cegos quando vemos o que queremos diante dos nossos olhos. Estávamos em um bairro muito barulhento, onde os adolescentes corriam em seus carros na mesma rua onde meu filho queria andar de bicicleta ou de skate. Além disso, alguns garotos do colégio local descobriram quem eu era, o que faço na maioria dos fins de semana, e onde eu morava, e começaram a se tornar um incômodo aparecendo a qualquer momento com perguntas ridículas:

"Você conhece Amy Grant?"

"Você pode nos conseguir bons lugares no show do U2?"

"Você precisa de uma banda para acompanhá-la?"

Dois deles tocaram a campainha certa noite vendendo revistas para ajudar em uma viagem da escola. Fiquei feliz em poder dar uma força a eles e fui pegar minha bolsa. Mas em vez de esperarem na porta da frente, eles entraram e foram até a cozinha, onde me informaram que eu era — imagine só — "gostosa"! Quase engasguei, enquanto dizia-lhes que eu tinha idade suficiente para ser mãe deles. Isso não pareceu dissuadi-los de modo algum, e eles queriam saber se Barry viajava e me deixava sozinha.

Expulsei-os de casa, mas a experiência realmente me abalou. Então Barry e eu decidimos procurar uma casa em um bairro mais tranquilo, em uma espécie de condomínio. Encontramos uma de que realmente gostamos — tinha um bom quintal para os cachorros e ficava próxima de alguns amigos cristãos da escola. Colocamos a nossa casa à venda, mas não conseguimos nos desfazer dela imediatamente. Então o construtor da nova casa nos disse que havia muito interesse no terreno e que se a quiséssemos teríamos de garanti-la. (Sim, eu sei que os construtores sempre dizem isso.)

Conversamos com o gerente do banco e decidimos seguir em frente, acreditando que a outra casa com certeza estaria vendida no verão, mas ele veio e se foi, assim como o outono. Sentia-me mal por termos nos colocado em uma situação tão vulnerável.

Eu nem sabia como orar. Como eu poderia pedir a Deus para nos ajudar a vender uma casa quando havia crianças morrendo de fome em todo o mundo sem um cobertor para se cobrir? Como eu poderia pedir ajuda quando havia sido a nossa tolice que nos colocara naquela situação?

Enquanto escrevo, a casa ainda não foi vendida. O que estou aprendendo ao longo deste processo, porém, é que tenho um Pai que me dá as boas-vindas de braços abertos tanto nos dias bons quanto nos dias maus. Ele está aqui quando eu faço boas ou más escolhas. À medida que as semanas passavam, minha certeza não era a de que ele de repente daria a alguma alma pobre e inocente uma compulsão por comprar a nossa casa, mas a de que, não importa o que acontecesse, Ele estava conosco.

A oração forja dentro de nós uma profunda consciência da lealdade de Deus. Ele quer que confiemos nele e que o amemos.

Tudo a ver com amor

A oração é uma maneira de experimentarmos o amor. Não apenas uma forma de nós demonstrarmos o nosso amor a Deus, mas de *recebermos* o amor de Deus!

Quando eu tinha 25 anos, o *pop star* britânico Cliff Richard produziu um álbum para mim usando os integrantes da sua banda. Um dos guitarristas de Cliff era um homem tímido e doce chamado Terry Britton, que também era um compositor. Um dia ele tocou um pedacinho de uma música que havia acabado de compor. Estou certa de que Terry não tinha como saber quando ele se sentou, com a sua fiel guitarra, que sua música *What's Love Got To Do with It?* [O que o amor tem a ver com isso?] seria gravada por Tina Turner e iria direto para o primeiro lugar nas paradas de sucesso. Quando penso no título dessa música e em nossa questão quanto à importância da oração, me parece claro que o amor tem *tudo* a ver com isso. Quanto mais apaixonados somos pelo Pai e por nosso Salvador Jesus, mais nos tornamos como ele. As pessoas casadas há muito tempo dizem que se conhecem tão bem que podem completar as frases um do outro. Imagine ter esse mesmo relacionamento com Deus — comunicar-se com ele tão intimamente e com tanta frequência. Imagine os benefícios de um relacionamento como esse e o transbordamento de amor que viria dele.

Deus anseia abrir o seu coração para nós. Ele não está procurando robozinhos perfeitos que sigam instruções, mas pessoas que compartilhem do seu amor. Creio que é muito difícil abraçarmos o amor dele, porque nunca fomos amadas assim, já que todo o amor humano — até mesmo o melhor que já vivemos — é condicional e afetado pelo nosso comportamento ou pelas circunstâncias que sempre mudam. Mas isso não acontece com o amor de Deus.

Toda vez que viajo para a minha terra natal, a Escócia, um dos primeiros lugares que visito é um castelo em ruínas que fica à beira de um penhasco sobre o oceano. Olho para o que o homem construiu (o castelo) e vejo como a erosão corroeu a pedra. Depois olho para o oceano, que continua a bater nas rochas e na praia por eras seguidas, e penso em como o amor de Deus por nós é vasto como o mar. Ele não é corroído ou diminuído pelo tempo, é constante, forte e eterno.

Tudo a ver com mudança

Finalmente, um motivo importante para a oração é o fato de ela poder realizar mudanças — até mesmo no plano de Deus.

"O quê?", você diz. "Minhas orações podem mudar o curso do plano de Deus? Mas... ele é Deus!" Bem, isso é verdade, mas também é fato que algumas vezes Deus ouviu as petições do seu povo e optou por mudar o seu plano deliberadamente. Não sempre. Mas algumas vezes.

Dê uma olhada no relacionamento de Deus com o povo de Israel conforme relatado nas páginas do Antigo Testamento — é de partir o coração. Independentemente de quantas vezes ele salvasse os israelitas dos inimigos, da fome e da ruína, cada vez eles se afastavam dele e se esqueciam de quem eram. Talvez a ocasião mais dolorosa tenha acontecido quando Moisés recebeu os Dez Mandamentos de Deus no monte Sinai. Do ponto de vista dos israelitas, Moisés estava demorando, então eles derreteram todas as suas joias de ouro, forjaram com esse a imagem de um bezerro, e começaram a adorá-lo.

Deus ficou furioso com os israelitas idólatras e decidiu deserdá-los e destruí-los. "Então o Senhor disse a Moisés: 'Desça, porque *o seu povo*, que você tirou do Egito, corrompeu-se [...]'" (Êxodo 32:7, grifo da autora). Observe que Deus não chamou mais os israelitas de "meu povo". Ele agora se refere a eles como "o seu povo", eles agora pertenciam a Moisés. Deus mostrou ao seu servo como seu coração estava partido por aquela traição flagrante e deliberada. Ele disse a Moisés para deixá-lo a sós, ardendo em sua ira, e depois ele eliminaria os israelitas e começaria tudo de novo criando uma nova nação para Moisés.

É aí que as coisas ficam interessantes. Moisés implorou a Deus para que ele reconsiderasse e perguntou a Deus como pareceria aos egípcios que o Deus de Israel havia libertado o seu povo apenas para matá-lo em uma montanha. Ele orou:

> Por que diriam os egípcios: "Foi com intenção maligna que ele os libertou, para matá-los nos montes e bani-los da face da terra"? Arrepende-te do fogo da tua ira! Tem piedade, e não tragas este mal sobre o teu povo!
>
> Lembra-te dos teus servos Abraão, Isaque e Israel, aos quais juraste por ti mesmo: "Farei que os seus descendentes sejam numerosos como as estrelas do céu e lhes darei toda esta terra que lhes prometi, que será a sua herança para sempre.'" E sucedeu que o Senhor arrependeu-se do mal que ameaçara trazer sobre o povo. (Êxodo 32:12-14)

Que diálogo fascinante! É quase como se Moisés estivesse lembrando a Deus quem ele é. O segredo desse diálogo só pode estar no fato de que Moisés compartilhava do coração de Deus pelo seu povo, por isso foi capaz de fazer o Senhor vivenciar a visão que ele sempre teve para o seu povo. Essa não era uma oração do tipo "Deus, por favor, abençoa o meu projeto", mas sim uma oração do tipo "Deus, vamos nos lembrar do *teu* projeto".

E Deus mudou de ideia. Inacreditavelmente, ele deu ouvidos às palavras de Moisés e permitiu que o povo imperfeito e ignorante continuasse vivo para que pudesse aprender.

Para que você não pense que isso foi algo que aconteceu uma única vez, existem muitos exemplos na Bíblia nos quais Deus muda de ideia. Veja Gênesis 18, onde lemos que Deus decidiu destruir a cidade de Sodoma. Abraão perguntou a Deus se ele mudaria de ideia se existissem cinquenta justos ali, e Deus concordou.

Abraão, percebendo que poderia ter superestimado o número de justos, continuou reduzindo o número — 45, quarenta, 35, trinta, vinte, e, finalmente, dez. A cada vez, Deus se dispôs a mudar de ideia, chegando a dizer que se houvesse somente dez justos em toda a cidade ela seria poupada.

A triste realidade foi que a estimativa final ainda era alta demais, e Deus realmente acabou destruindo Sodoma. O impressionante acerca dessa história é que Deus estava disposto a ouvir um de seus servos e mudar sua intenção com base no clamor dele por misericórdia, movido pelo clamor de um homem fiel como Moisés ou Abraão, ou no arrependimento de toda uma nação como Nínive.

Imagine, então, as possibilidades para nós. Existem tantas coisas neste mundo pelas quais podemos orar, tantas coisas para pedirmos a Deus para intervir e mudar o rumo do nosso futuro. Pode não ser uma resposta que vemos durante o tempo de toda a nossa vida, mas se não orarmos, não poderemos esperar nada diferente.

A oração faz a diferença em nós

Portanto, mais uma vez, vamos examinar a pergunta: se Deus já decidiu o futuro, a oração faz alguma diferença? A resposta é sim. A oração faz a diferença *em nós* — embora possa não fazer a diferença *em* nosso Deus imutável, ela é um presente *para* ele. Quando usada adequadamente, como algo mais que um ritual, a oração permite que nos comuniquemos com Deus e que sejamos lembrados do seu amor e do seu plano para nós. Como isso afetaria a sua vida, se você andasse por aí todos os dias com uma profunda consciência de ser avassaladoramente amado? Deus quer pessoas que compartilhem do seu coração e trabalhem com ele por coisas que têm valor eterno, não simplesmente pessoas que dão valor a palavras momentâneas. Se olharmos para a oração dessa maneira, não haverá como duvidar da diferença que ela faz em nossas vidas.

No entanto, não podemos evitar o desânimo quando estamos desesperadas para que Deus aja e o céu parece em silêncio; quando embora queiramos compartilhar do seu coração, ele parece não ver que o nosso está partido.

Há uma vastidão na misericórdia de Deus,
Como a vastidão do mar;
Há uma bondade na sua justiça;
Que é mais que liberdade.

Não há lugar onde as dores da terra
São mais sentidas que no alto Céu;
Não há lugar onde os fracassos da terra
Receberam julgamentos tão bondosos.

Há boas-vindas para o pecador,
E mais graças para o bom.
Há misericórdia com o Salvador;
Há cura em seu sangue.

Há graça suficiente para milhares
De novos mundos tão grandes quanto este;
Há espaço para novas criações
Naquele lar superior de bênção.

Pois o amor de Deus é maior
Que a medida da nossa mente;
E o coração do Eterno
É maravilhosamente bondoso.

— Frederick W. Faber

Parte 2
O problema

5

POR QUE DEUS DIZ NÃO?

Se Deus é amoroso e bondoso, por que ele não me dá o que eu quero?

Ainda oro, mas é algo automático, e não tenho sequer certeza se ainda creio nisso... Porque sofri, e Deus não ouviu minhas orações.
— Paulo Coelho

Ele se afastou deles a uma pequena distância, ajoelhou-se e começou a orar: "Pai, se queres, afasta de mim este cálice; contudo, não seja feita a minha vontade, mas a tua." Apareceu-lhe então um anjo do céu que o fortalecia. Estando angustiado, ele orou ainda mais intensamente; e o seu suor era como gotas de sangue que caíam no chão. (Lucas 22:41-44)

Nada desafia mais a nossa fé do que quando sentimos como se Deus estivesse indiferente aos nossos clamores por ajuda. Quando olho para trás, para o caminho da minha própria vida, muitos rostos e histórias me vêm à mente. Até mesmo quando reflito sobre elas agora, lembro-me da dor e das perguntas, da fé, das súplicas e das lágrimas — uma delas me toca muito profundamente.

Quando minha sogra, Eleanor, foi diagnosticada com um câncer inoperável, recebeu a notícia muito melhor que seu marido, William, ou o seu filho, Barry. William ficou compreensivelmente devastado diante da ideia de perder a sua companheira de muitos anos. O fato é que Barry ficou ainda mais traumatizado por ter perdido muitos membros da família para o câncer ao longo dos anos, o que lhe deixou com um nível de pavor que excede o que a maioria de nós sente quando se depara com a doença. Para ele, a ideia era aterradora.

Eleanor encarou o diagnóstico de uma maneira muito mais prática. Ela quis ouvir uma segunda opinião, de modo que ela e William foram até Nashville, onde Barry e eu morávamos na época, para ser examinada por um especialista em câncer no Hospital Vanderbilt. Nem William nem Barry quiseram ir com ela, por isso acompanhei Eleanor em sua consulta.

O gentil médico ouviu as preocupações dela e respondeu às suas perguntas. Depois de rever os resultados de seus exames, ele voltou à sala e sentou-se. Eleanor lhe disse:

— Gostaria que você fosse direto comigo. Quero saber toda a verdade.

Ele honrou o pedido dela e disse:

— O câncer se espalhou do seu cólon para o fígado. Calculo que você deve ter entre seis meses a dois anos de vida, dependendo de que tipo de tratamento seguir.

Foi então que tudo começou.

Nenhuma de nós disse nada no trajeto do elevador até o saguão do hospital. Quando estávamos no carro, perguntei a Eleanor se ela queria ir direto para casa ou se gostaria de parar em algum lugar para tomar um café. Ela escolheu a segunda opção. Enquanto nos sentávamos com as nossas xícaras, perguntei:

— Como você está lidando com essa notícia?

— É mais ou menos o que eu esperava — disse ela —, mas de algum modo tudo me pareceu tão frio e clínico. Foi como se ele estivesse falando sobre outra pessoa.

Entendi exatamente o que ela queria dizer. Em um instante ela estava bem e sua maior reclamação era o fato de que a grama do quintal precisava de uma boa chuva, e no instante seguinte ela recebia uma ampulheta na qual as areias de sua vida se moviam rapidamente.

Dirigimos para casa e contamos a William e Barry o que o médico dissera. Meu coração sofria por todos os três durante os dias que se seguiram, enquanto discutíamos as opções de Eleanor antes que ela e William voltassem para Charleston. Eu tinha quase certeza de que ela daria prosseguimento à quimioterapia, embora a ideia fosse avassaladora. O médico havia deixado claro que se ela quisesse lutar durante dois anos em vez de seis meses, esse tratamento teria de fazer parte do pacote.

Durante as duas semanas seguintes, Eleanor tomou algumas decisões, uma das quais eu esperava e outra que eu não poderia prever.

A longa jornada

Eleanor decidiu tomar uma carga vigorosa de quimioterapia, o que apoiei de todo o coração. Era desejo dela lutar por mais tempo de vida. Quando recebeu o diagnóstico, ela estava com apenas 64 anos, e seu único e amado neto, Christian, tinha somente 18 meses. Ela queria ter o máximo de tempo possível com Christian.

O que a levou à sua decisão seguinte é que me pegou um pouco de surpresa.

Certo dia, o telefone tocou e era Eleanor. Conversamos por alguns instantes, e ao lhe dizer que iria chamar Barry ela me impediu: "É com você que quero falar", disse ela.

Fiquei muito surpresa. Ela sempre ligava para falar com Barry ou para dizer palavras amorosas a Christian. Mas não a mim. Eleanor e eu tínhamos um... relacionamento *difícil*. Ela havia tentado engravidar por 12 anos, de modo que quando Barry finalmente nasceu ele era extremamente precioso para a sua mãe e o seu pai. Quando eu entrei em cena, ficou claro para mim que eu era "a outra mulher"! Eleanor e eu fazíamos o melhor que podíamos para conviver bem, mas o nosso relacionamento decididamente era delicado.

— O que você acharia se eu começasse a viajar com vocês como babá do Christian? — perguntou ela.

Eu não sabia o que dizer. Faço parte da equipe central de conferencistas e escritores que viajam durante cerca de trinta fins de semana todos os anos para realizar os eventos do Women of Faith. Christian e Barry viajavam comigo desde que Christian estava com apenas seis semanas de vida. Tínhamos uma babá que nos acompanhava e de quem gostávamos muito, mas ela havia acabado de receber um convite para um trabalho em que teria de morar com os patrões, o qual ela realmente queria aceitar, então eu estava procurando alguém para substituí-la. Mas não por... bem, você sabe!

Em outras palavras, a ideia de estar na estrada com minha sogra não me encheu automaticamente de hinos de alegria.

Perguntei:

— E quanto ao seu tratamento, sogra? E quanto à sua rotina de quimioterapia?

— Eu simplesmente levarei o roteiro do Women of Faith para o médico e pedirei a ele para encaixar meus tratamentos de acordo com ele — disse ela, como se tivesse tudo esquematizado.

— Mas as viagens são realmente cansativas. Todos os voos e aeroportos e hotéis — resmunguei.

— Sheila — disse ela, com uma dignidade tranquila em sua voz —, se você soubesse que tem menos de dois anos para viver, você iria querer compartilhá-los com aqueles a quem ama ou ficar sentada esperando para morrer?

Não havia nada mais a ser dito. Eleanor e William se tornaram as babás do Christian. Foi difícil, em princípio, principalmente porque eu me sentia culpada pelo estado de Eleanor. Algumas vezes, quando eu voltava da arena de conferências, sentia que ela não estava bem, mas mesmo assim seguiu em frente. E William foi de uma tremenda ajuda. Por intermédio de Deus, aprendi a sair do caminho e a permitir que o amor se derramasse onde quisesse. Eleanor e William foram companheiros maravilhosos para Christian.

À medida que os meses se passavam, porém, Eleanor começava a sentir cada vez mais o impacto do câncer e da quimioterapia, e começou a procurar uma resposta diferente. Em um fim de semana de eventos ela me perguntou se poderia ir até a arena de conferências jantar com os palestrantes e se unir a nós para orar. Eu disse a ela que todos gostariam muito disso. Durante o nosso período de oração, ela começou a chorar e, de uma maneira simples e transparente, disse a Deus que não estava pronta para morrer. Nós nos reunimos em torno dela, pusemos as mãos sobre ela e oramos para que Deus tivesse misericórdia dela e curasse seu corpo.

Não muito depois disso, ela me pediu para participar de uma cruzada de cura com William. Ela estava sendo realizada por um pregador muito conhecido — alguém que eu encontrei algumas vezes enquanto apresentava o *Clube 700* — de modo que fiquei feliz em dizer sim. Foi maravilhoso ver Eleanor naquela noite, parecendo confiante enquanto recebia uma oração cheia de fé e certeza de que seria curada. Eu sabia que ela estava profundamente comovida e esperançosa de que Deus tivesse atendido às nossas preces. Todos nós estávamos esperançosos.

Contudo, à medida que as semanas passaram, ficou claro que Eleanor estava perdendo a batalha contra aquele invasor voraz. Logo ela ficou incapaz de viajar conosco e, durante a semana, Charleston passou a ser o nosso lar. Quando o fim se aproximou, nós nos revezávamos para ficar com ela à noite. Uma noite, ela e eu tivemos uma conversa dolorosa.

Eu pensei que Eleanor estivesse dormindo. Chamei a enfermeira da casa de repouso e perguntei se poderia dar a ela um pouco mais de morfina porque ela estava com dor, o que prontamente foi feito. Eleanor não podia mais engolir pílulas, então medi cuidadosamente um pouco do líquido e o misturei com um pouco de refrigerante de gengibre. Naquele momento ela estava deitada em silêncio.

— Se fosse você que tivesse câncer, Deus a teria curado — sussurrou Eleanor.

— O que você quer dizer?

— Bem, você viveu a sua vida para Deus e passou todo o seu tempo fazendo coisas para ele. Você seria curada.

Olhei para ela com lágrimas correndo pelo meu rosto.

— Sogra, Deus ama você exatamente da mesma maneira como me ama. Você não sabe disso?

— Não sei. Acho que você é uma pessoa melhor que eu — disse ela.

— Isso não é verdade, e, de qualquer forma, o amor de Deus por nós não se fundamenta em nosso comportamento. O amor de Deus por nós se alicerça em quem Deus é, provém do coração dele.

— Algumas coisas que eu disse a você... eu não queria dizer aquilo.

Seu rosto, de repente, estava tão molhado quanto o meu.

— É claro que eu sei disso — falei. — Você está com medo. Dizemos coisas que não queremos quando estamos com medo.

— Por que você acha que Deus não me curou, Sheila? — sussurrou ela, soluçando baixinho.

— Não sei. Eu gostaria de ter respostas para você, mas não sei. Tudo que sei é que ele a ama.

Sentei-me ao lado dela no leito. Enquanto ela adormecia em meu ombro, minhas lágrimas molhavam seu lindo cabelo vermelho.

Por que, Senhor?

Um dos maiores mistérios — e desafios — do nosso relacionamento com Deus em oração é saber que ele é tanto amoroso quanto poderoso.

Se Deus fosse apenas *amoroso*, então, quando as nossas orações ficassem sem resposta, estaríamos em paz com isso, dizendo a nós mesmos que se ele fosse poderoso teria interferido. Se Deus fosse apenas *poderoso*, nós presumiríamos que ele era indiferente à nossa dor.

Mas não é assim que Deus é. Ele não apenas nos ama com uma paixão que excede o nosso entendimento, como também é poderoso o suficiente para intervir a qualquer momento e mudar as nossas circunstâncias, o que às vezes ele faz, mas não na maioria delas. A pergunta é: por quê?

Quando Barry e eu morávamos em Nashville, uma das famílias do nosso pequeno grupo da igreja passou por um terrível momento no qual eles fizeram essa mesma pergunta.

David e Nancy Guthrie já tinham um filho, Mathew, quando tiveram uma linda garotinha, chamada Hope. Imediatamente, ficou claro para eles que Hope tinha algumas dificuldades. A menina tinha os pés tortos, sofria de letargia e não conseguia sugar. No seu segundo dia de vida, eles receberam a notícia devastadora de que Hope sofria da síndrome de Zellweger. A síndrome de Zellweger é um distúrbio congênito raro caracterizado pela falta das estruturas celulares que livram o corpo de substâncias tóxicas no fígado, nos rins e no cérebro. Não há cura, e a maioria dos bebês morre por volta dos seis meses de idade.

Hope viveu 199 dias.

Ter um filho com a síndrome de Zellweger significa que ambos os pais são portadores do gene recessivo para a síndrome. Por essa razão, depois que Hope nasceu, David e Nancy tomaram as medidas cirúrgicas para impedir uma futura gravidez. No entanto, seja por qual motivo for, isso não funcionou. Apenas um ano e meio depois da morte de Hope, Nancy descobriu que estava grávida novamente, e, alguns meses depois, os testes pré-natais revelavam que o garotinho também tinha a síndrome fatal.

Gabriel viveu apenas 183 dias.

Acho difícil sequer imaginar a dor de enterrar um filho. Mas a agonia de ter de passar por isso duas vezes está imensuravelmente além do que sou capaz de imaginar. O teste da fé em situações como essa é extremo. Como você continua a amar e adorar aquele que poderia ter salvado a vida do seu filho e não o fez? Como confiar naquele que, embora você tenha feito tudo que podia para impedir outra gravidez, permitiu que você ficasse grávida novamente, e de outro filho que teria uma vida tão breve?

Não posso testemunhar sobre isso, mas Nancy sim, e o fez. Em seu livro *Um fio de esperança: quando o sofrimento torna a crença uma decisão diária*, ela escreveu sobre sua família, relatou honestamente a sua dor e a sua luta em meio ao sofrimento.[1]

Nancy também contou como ela e sua família decidiram ir além das perguntas e identificaram as experiências deles com Jó — perplexidade diante de circunstâncias tão extremas e, no entanto, cheios de fé de que Deus estava com eles, amando-os, quaisquer que fossem as circunstâncias. Ao fazer isso, eles puderam entender que assim como Jó sobreviveu, eles também sobreviveriam. Ainda que não entendessem por que Deus estava fazendo-os passar por aquela provação.

Anseio e rendição

Cristo também sobreviveu ao não de seu Pai. Já ouvi pessoas tentarem minimizar a agonia que ele sentiu no Jardim do Getsêmani, dizendo que como ele era completamente Deus e completamente homem, Jesus conhecia a grande alegria e vitória por antecedência e, portanto, não se importou em saber que em breve teria uma morte dolorosa. Rejeito essa ideia com tudo o que há em mim. O nosso Salvador era completamente homem, e sofreu como um homem sofreria (embora sem pecar). Jesus sabia que estava prestes a passar pelo maior inferno que já havia sido enfrentado pela carne humana e que esse era o plano desde o princípio dos tempos para redimir a humanidade caída. Ele sabia que seu Pai lhe permitiria beber do cálice da sua ira e não o livraria.

Entretanto, Jesus também sabia que mesmo quando Deus estava lhe dizendo não, ele ainda estava ao seu lado. Sua oração é deixada como um presente para nós, uma luz na noite mais escura: "Pai, se queres, afasta de mim este cálice; contudo, não seja feita a minha vontade, mas a tua" (Lucas 22:42).

Por que Deus, às vezes, diz não às nossas orações? Como estou certa de que você entende, não tenho a resposta para essa pergunta. Ninguém tem. Mas o que temos é o conhecimento de que quando continuamos orando — quando vamos além do "Por quê?" e passamos para "Fica comigo, Senhor!" — começamos a aprender mais sobre a nossa fé e a nossa força no nosso Pai. Confrontar Deus com o nosso *por quê* passa a ser estar com ele em nossa necessidade. Deus está lá quando precisamos dele. Sempre. Talvez não responda às nossas orações como gostaríamos, mas estará lá para nos sustentar em meio às provações.

E com ele podemos resistir.

Triste e sombrio foi meu viver,
Longe de ti, meu Salvador;
Paz e perdão de ti venho obter,
Junto de ti, Senhor.
Foi grande a luta da provação,
Tenho sofrido muita aflição;
Pra confortar o meu coração,
Eu venho a ti, Senhor!

Minhas vaidades atirarei
Longe de mim, ó Salvador;
Pois teu querer será minha lei,
Servir-te-ei, Senhor.
O teu amor desejo provar,
A tua graça quero gozar.
Sempre contigo almejo ficar,
Teu sempre quero ser.

Medo da morte nunca terei;
Perto de mim tu sempre estás,
Pois ao teu lar decerto eu irei,
Tu me receberás.
Junto a ti, pois, quero viver,
Junto a ti eu vou combater,
Junto a ti vencer ou morrer,
Cristo, meu Salvador.

— William T. Sleeper
(Cantor Cristão, 287, "Com Jesus")

6

DEUS ESTÁ ZANGADO COMIGO?

Será que Deus vai me ajudar, se fui eu mesmo quem se meteu nesta confusão?

"Posso perdoar, mas não posso esquecer" é apenas outra maneira de dizer "Não vou perdoar". O perdão deve ser uma nota cancelada — rasgada ao meio e queimada, para que ela nunca possa ser mostrada contra alguém.

— Henry Ward Beecher

Na barriga do peixe, Jonas orou ao Eterno: "Desesperado, em profunda angústia, orei ao Eterno, e ele me respondeu. À beira da morte, clamei: 'Socorro!', e ouviste o meu grito. Jogaste-me lá no fundo, bem no coração do oceano; as ondas, imensas e fortes, romperam-se sobre mim. Eu disse: 'Fui lançado fora, banido da tua vista. E nunca mais porei os olhos no teu santo templo.'" (Jonas 2:1-4, MSG)

O quanto você sabe a respeito do personagem Jonas no Antigo Testamento? A maioria de nós conhece a história contada na escola dominical sobre o homem que fugiu de Deus e foi engolido por um grande peixe (ou, a versão mais popular, com artistas gráficos, por uma baleia).

Na verdade, há muito mais na história de Jonas, principalmente pelo fato de tratar da questão: Será que Deus ouvirá nossas orações se nós mesmas tivermos causado a situação em que estamos? Em outras palavras, é possível que Deus não esteja respondendo às nossas orações porque está zangado conosco?

Um dos amigos de Christian tem um irmão pequeno que mantém todos no círculo familiar altamente entretidos com os seus comentários espontâneos. Certa vez, ele ouviu seu irmão dizer a Christian que um dos garotos da escola disse um palavrão. A reação do menino foi: "Bem, isso é o inferno para ele. Não vai conseguir passar para o céu nem vai ganhar as asas de anjo!"

Que tal? Obviamente a reação do nosso camaradinha foi bem dura. Mas quando lemos no Antigo Testamento sobre a ira de Deus contra uma pessoa ou uma nação, geralmente havia consequências duras. Veja Moisés: um bom amigo de Deus, que não teve permissão para atravessar até a Terra Prometida porque em vez de falar à rocha, como foi instruído por Deus, ele bateu nela duas vezes. Por causa dessa única atitude de desobediência, depois de perambular pelo deserto com um povo ingrato e rebelde por quarenta anos, ele não conseguiu colocar os pés na Terra Prometida (ver Números 20:6-12).

Isso talvez pareça muito injusto, mas temos de entender o raciocínio que está por trás do que aconteceu. Como sabemos, Deus usou muito do Antigo Testamento para profetizar o nascimento e a vida de Jesus. Ao desobedecer a Deus e ferir a rocha duas vezes, Moisés blasfemou da imagem do Cristo vindouro que seria ferido uma vez por nós. À luz deste fato, a punição de Deus, embora não tenha sido completamente entendida por nós, foi justa aos olhos dele. Na primeira carta de Pedro, ele escreve: "Pois também Cristo sofreu pelos pecados *uma vez por todas*, o justo pelos injustos, para conduzir-nos a Deus. Ele foi morto no corpo, mas vivificado pelo Espírito" (3:18; grifo da autora). Ferindo a rocha — uma figura de Cristo — duas vezes, Moisés profanou um momento santo, e por isso havia um preço a pagar.

E mesmo assim vejo o coração de Deus e o seu amor por Moisés, seu servo e amigo. Embora houvesse um preço a pagar por desobedecer a Deus, ele ficou bem ao lado de Moisés. Deus o levou ao topo da montanha e o deixou ver a Terra Prometida. Não sabemos o que aconteceu entre eles naquela montanha, mas me parece um retrato muito íntimo de um pai erguendo o filho até os ombros para que ele tivesse uma visão panorâmica.

Quando Moisés morreu, lemos que Deus o enterrou (ver Deuteronômio 34:6). Essa é a única vez na Bíblia que um enterro assim é registrado. Deus cuidou do seu amigo e colocou o seu corpo para descansar. Mesmo na sua ira, ele demonstrou misericórdia e amor para com Moisés. Antes do nascimento e da morte de Cristo, as pessoas viviam sob a lei, muito bem-definida. Mesmo durante aquele tempo, quando a lei representava a escala de justiça de Deus, ele ainda cuidou do seu amigo.

Talvez você seja tentado a dizer: "Bem, isso foi com Moisés! Ele era um dos favoritos de Deus. Mas eu não tenho esse tipo de história com Deus."

Durante os últimos 11 anos viajando com o Women of Faith, tenho falado com muitas mulheres que expressaram esses sentimentos. Lembro-me especialmente de uma jovem que ficou na fila para falar comigo no intervalo. Lágrimas escorriam por seu rosto enquanto ela tentava falar. Finalmente, conseguiu me dizer que ela e seu marido estavam tentando ter um bebê havia quatro anos, sem êxito.

— Sei qual é a razão — disse ela. — Quando eu estava na faculdade, fiquei grávida e fiz um aborto. Sei que Deus está zangado comigo por matar o meu bebê, e é por isso que ele não quer me dar outro.

Meu coração sofreu por essa jovem que acreditava realmente que Deus estava tão zangado com ela a ponto de puni-la, privando-a daquilo que ela valorizava acima de tudo. Ela ainda estava vivendo sob a lei, em oposição à graça que vem tão gratuitamente com Cristo.

Lembrei-lhe então de um dos meus textos favoritos das cartas de João:

> Se afirmarmos que estamos sem pecado, enganamo-nos a nós mesmos, e a verdade não está em nós. Se confessarmos os nossos pecados, ele é fiel e justo para perdoar os nossos pecados e nos purificar de toda injustiça. (1João 1:8-9)

Eu lhe disse:

— Você está tão ciente desse erro que o arrasta consigo todos os dias. A verdade é que todos nós somos pecadores; alguns de nós apenas nos esquecemos disso durante a maior parte do tempo. A Palavra de Deus é clara: se confessarmos os nossos pecados, Deus é sempre fiel para perdoar. Sempre.

Como disse Henry Ward Beecher, Deus rasga a nota para que ela jamais seja vista novamente.

Na história de Jonas, vemos um Deus que não apenas é fiel para perdoar como também é ilimitado na sua misericórdia.

Jonas era um patriota. Se ele tivesse nascido nos Estados Unidos, teria sido o sujeito com a bandeira no quintal da frente da casa e com a voz inflada cantando cânticos patrióticos no Dia da Independência com fogos de artifício vermelhos, brancos e azuis explodindo acima de sua cabeça. O patriotismo dele, porém, o cegou para quem Deus realmente é e para o que Deus queria dizer ao seu povo. Jonas não entendeu a advertência que Deus estava fazendo a *Israel* quando lhe disse para informar ao povo de Nínive que o destruiria — a não ser que eles se desviassem do pecado. Nesse caso, Deus os salvaria.

Esse foi um dos grandes momentos de Deus, e a mensagem era clara: se Deus podia demonstrar misericórdia para com o maior inimigo de Israel, quanto mais misericórdia ele não demonstraria para com o seu próprio povo?

Mas Jonas não percebeu isso.

Creio que essa grande história tem muito a nos dizer hoje sobre a misericórdia de Deus, assim como a respeito do seu juízo. Na época em que Deus chamou Jonas para ir a Nínive, Jeroboão estava governando Israel. Ele era um rei poderoso, mas não honrou a Deus. Um homem que permitia a adoração a deuses e ídolos estrangeiros e era exatamente como muitos dos outros reis de Israel que "... fizeram o que era mal aos olhos do Senhor" (ver Jeremias, Juízes, 1 e 2Reis, e 1 e 2Crônicas para ler as histórias desses muitos reis de Israel que se rebelaram contra Deus... e aos quais Deus demonstrou misericórdia).

É claro que Jonas não estava pensando nessas coisas no início. Ele estava ocupado prevendo as vitórias que seriam ganhas por Jeroboão na restauração da terra de Israel, descritas em 2Reis 14:23-26.

Jonas ficou tão feliz por ser o portador das boas-novas com relação ao seu próprio povo, que se esqueceu de que Deus é maior que uma nação ou um partido político. Nessa época, como ainda é hoje em Israel, a terra tinha grande importância. Durante os quarenta anos de reinado do rei Jeroboão, Israel reconquistou grande parte da terra que havia perdido e se tornou mais uma vez o poder principal no Oriente Médio, como fora durante o reinado do rei Salomão. A Assíria estava fraca, ao contrário de Israel.

Foi nesse momento da história que Deus chamou o seu profeta Jonas para ir a Nínive, a capital da Assíria, e dizer ao povo que o Deus de Israel iria destruí-los a não ser que eles se arrependessem e mudassem os seus caminhos.

Você deve estar pensando que um nacionalista como Jonas se agarraria à chance de anunciar aos seus inimigos declarados que eles estavam prestes a ser destruídos. Seria como dizer a um veterano norte-americano tremendamente orgulhoso que ele podia anunciar aos terroristas de todo o mundo que Deus iria destruí-los por suas más ações. Mas a reação de Jonas é surpreendente. Em vez de partir para o norte em direção a Nínive, ele embarcou em um navio que se dirigia para o oeste, para Társis, que calcula-se que ficava no sul da Espanha, muito distante da Assíria. Por que ele fez isso? A resposta dele — dada a Deus depois que o povo de Nínive se arrependeu e Deus decidiu poupar as vidas deles — é interessante:

> Mas Jonas ficou profundamente descontente com isso e enfureceu-se.
>
> Ele orou ao SENHOR: "SENHOR, não foi isso que eu disse quando ainda estava em casa? Foi por isso que me apressei em fugir para Társis. Eu sabia que tu és Deus misericordioso e compassivo, muito paciente, cheio de amor e que promete castigar mas depois se arrepende." (Jonas 4:1-2)

Jonas não aprovava aquele aspecto do caráter de Deus. Ele ficava muito zangado quando o Senhor estendia graça e perdão a qualquer pessoa que não fosse israelita. Ele queria um Deus de ira, que punisse os inimigos de Israel e demonstrasse misericórdia somente ao seu povo escolhido. Se Jonas tivesse pensado que Deus iria exterminar todas as pessoas de Nínive, ele teria ido para lá mais depressa que duas batidas da cauda de um camelo. Mas ele sabia que havia a chance de eles se arrependerem, e, se o fizessem, ele sabia que Deus seria cheio de misericórdia. Jonas não estava disposto a ser o catalisador daquela cadeia de eventos, por isso fugiu.

Você pode fugir, mas não pode se esconder

Deus interveio por duas vezes para colocar o seu mensageiro relutante de volta aos trilhos. O primeiro acontecimento foi uma tempestade ameaçadora que fustigou o navio quando Jonas cruzava o mar

Mediterrâneo. A tempestade era tão forte que os marinheiros acreditavam que todos se perderiam. Por serem um povo supersticioso, eles supuseram que haviam ofendido um de seus deuses, de modo que começaram a lançar as coisas para fora do navio, esperando apaziguar o deus ofendido.

Apesar dos esforços dos marinheiros, a tempestade se intensificou. Desesperado, o capitão vasculhou o navio para ver se eles haviam deixado passar alguma coisa, e ali encontraram Jonas, adormecido em sua cabina. O capitão despertou Jonas e lhe perguntou se ele fazia ideia do motivo pelo qual eles estavam naquela situação ameaçadora. Jonas assumiu a culpa e disse que havia fugido do Deus de Israel, e a única esperança de sobrevivência era lançá-lo ao mar.

Agora o capitão tinha um dilema. Se Jonas realmente era a causa daquela tempestade, o que aconteceria se eles lançassem o amigo de Deus nas águas? Mas Jonas lhes assegurou que era a única coisa a fazer, então eles o jogaram do barco.

Imagino a essa altura Jonas afundando cada vez mais nas águas. Mas Deus não havia terminado com Jonas. Enquanto ele lutava contra as ondas, a tempestade imediatamente se acalmou, e então Deus enviou um grande peixe que engoliu Jonas inteiro.

Do pouco que sabemos sobre sua vida, Jonas parece ter sido um tipo de pessoa muito negativa, do tipo que acha que "o copo está meio vazio"; ele fazia cara feia praticamente para tudo que Deus queria que ele fizesse. Imagino que quando chegou à barriga da baleia, ele tenha feito a mesma coisa, suspirando como quem já sabia de tudo. Finalmente, ele era em si mesmo a prova de que a vida não é justa — e, portanto, morreria e aceitaria o seu fim como algo inevitável. Talvez àquela altura ele até estivesse feliz por isso.

Mas nunca suponha que na situação em que Deus está trabalhando não há mais esperança!

Agora, na barriga do grande peixe, Jonas clamou a Deus.

> À beira da morte, clamei: "Socorro!", e ouviste o meu grito. Jogaste-me lá no fundo, bem no coração do oceano; as ondas, imensas e fortes, romperam-se sobre mim. Eu disse: "Fui lançado fora, banido da tua vista. E nunca mais porei os olhos no teu santo templo." [...] "Quando minha vida estava por um fio, eu me lembrei do Eterno." (Jonas 2:2-4, 7, MSG)

Quando Deus decidiu que era a hora, fez o "táxi aquático" de Jonas cuspi-lo em terra seca e lhe deu outra chance de ser o portador da mensagem de amor de Deus.

Mais uma vez Deus, disse a Jonas para ir a Nínive, o que dessa vez ele fez. Nínive era uma cidade grande com mais de 120 mil pessoas naquela época (ver Jonas 4:11). Seriam necessários três dias para Jonas caminhar de um lado a outro da cidade. Quando ele havia andado por um dia e estava se aproximando do coração da cidade, começou a clamar que, dentro de quarenta dias, Deus destruiria Nínive completamente.

O povo ficou horrorizado e decidiu usar pano de saco como sinal de seu sofrimento. O rei ouviu a proclamação de Jonas e ordenou um jejum total de alimentos e água. Ele disse ao seu povo: "Talvez Deus se arrependa e abandone a sua ira, e não sejamos destruídos" (Jonas 3:9).

Aconteceu exatamente como Jonas já sabia: quando Deus viu o arrependimento genuíno dos ninivitas, ele não os destruiu. Agora temos um profeta *muito* indignado. Jonas era incapaz de comemorar o milagre que acabara de ver, e não entendeu a tremenda mensagem que Deus lhe enviou, por meio de 120 mil pessoas, de que mesmo irado, o seu coração se volta para nós mais uma vez por meio do arrependimento sincero.

Tendo decidido que alguém morreria, Jonas decidiu que poderia muito bem ser ele. Sentou-se ao sol quente do deserto, cozinhando no calor. Deus fez uma planta crescer sobre ele e lhe deu um abrigo. Jonas gostou da planta. Ele sentou-se à sombra dela e relembrou e reorganizou seus pensamentos amargos. Até que Deus fez um verme comer a planta e ela secou e morreu.

A primeira reação de Jonas foi: "Como pudeste fazer isso! Como pudeste matar a minha maravilhosa planta? Eu até dei um nome a ela. Eu a chamava de Cedric!" (paráfrase da autora).

Deus disse a Jonas: "Você acaba de provar a minha tese!"

> Mas o Senhor lhe disse: "Você tem pena dessa planta, embora não a tenha podado nem a tenha feito crescer. Ela nasceu numa noite e numa noite morreu. Contudo, Nínive tem mais de 120 mil pessoas que não sabem nem distinguir a mão direita da esquerda, além de muitos rebanhos. Não deveria eu ter pena dessa grande cidade?" (Jonas 4:10-11)

Você já conheceu pessoas assim? Eu sim. Há algumas pessoas no corpo de Cristo que têm dificuldade em amar os pecadores, culpadas das mesmas coisas que reprovam. Quando eu era adolescente, havia uma menina no nosso grupo jovem que se desviou do caminho por algum tempo. Ela começou a beber muito e a dormir com rapazes. Desenvolveu uma péssima reputação, como pode acontecer bem depressa em uma cidade pequena. Depois de algum tempo, certa noite, ela acabou aparecendo em uma de nossas reuniões de jovens. A maioria de nós ficou tocada ao vê-la, afinal, estávamos orando para que isso acontecesse. Contudo, algumas pessoas estavam decididas a tornar qualquer tentativa de retorno tão difícil quanto possível. Lembro-me de uma garota ter dito:

— Espero que ela não pense que pode simplesmente voltar e que nós esqueceremos de tudo o que ela tem feito.

Eu fiquei tão furiosa que mal consegui me conter.

— Pensei que fosse exatamente isso que deveríamos fazer — disse. — Pensei que este fosse o lugar para onde os pecadores pudessem voltar e ser recebidos em casa de braços abertos.

Talvez aqueles que nunca concederam graça a si mesmos sejam incapazes de tratar os outros com graça.

O desafio do perdão

A Palavra de Deus está repleta de histórias daqueles que erraram e foram perdoados por Deus. Não apenas perdoados, mas restaurados a um lugar de maior alegria e propósito. Pense no grande apóstolo Paulo, que torturou o povo de Deus até ser confrontado por Cristo no caminho para Damasco (ver Atos 9:1-9). Ou na mulher surpreendida em adultério e humilhada publicamente — Jesus não a condenou, mas lhe disse para ir e viver de maneira diferente (ver João 8:3-11).

Quando penso nas pessoas da Bíblia que receberam o perdão de Deus, penso especialmente no apóstolo Pedro. Esse pescador rude e forte que era dedicado a Cristo levou um tombo quando ouviu as palavras "Não conheço este homem" saírem de seus próprios lábios. Estou certa de que ele se condenou durante as horas seguintes enquanto Jesus era crucificado e colocado em um túmulo. Não consigo imaginar como a traição dele lhe deve ter pesado, principalmente pelo fato de Jesus ter lhe dito que isso aconteceria e ele houvesse negado com tanta veemência. Eu me pergunto se ele se lembrava do que mais Jesus lhe dissera: "Simão, Simão, Satanás pediu vocês para peneirá-los como trigo. Mas eu orei por você, para que a sua fé não desfaleça. E quando você se converter, fortaleça os seus irmãos" (Lucas 22:31-32).

Que presente! Não *se* você voltar, mas *quando* você voltar. Naquela gloriosa manhã de Páscoa, as mulheres encontraram um anjo guardando o túmulo vazio, que lhes disse: "Vão e digam aos discípulos dele *e a Pedro*: 'Ele está indo adiante de vocês para a Galileia. Lá vocês o verão, como ele lhes disse'" (Marcos 16:7; grifo da autora).

Não deveria haver dúvida de que Pedro saberia que era bem-vindo. Se o anjo tivesse apenas pedido às mulheres para dizer "aos discípulos", pergunto-me se Pedro teria ido com eles — afinal, ele negou conhecer Jesus; como poderia algum dia ser perdoado por isso? Mas Deus conhecia o coração de Pedro, e de todos os 11 discípulos que restavam, Pedro foi o único citado individualmente no convite.

Você deixou a peteca cair? Você se pergunta se Deus ainda ouve e se importa com você? Talvez você sinta vergonha até mesmo de encarar o que fez. Pode ter sido algo que causou prejuízo não apenas a você, mas também a outros. Talvez você tenha medo de enfrentar a verdade e de começar o processo da restauração porque o caminho de volta para casa parece ser longo.

Se esse é o seu caso, tenha a fé de se lembrar de que com Deus todas as coisas podem ser renovadas. O seu passado é exatamente o que foi, mas o seu futuro nele é ilimitado. Tudo o que Deus procura é um desejo de começar a se mover na direção certa, e ele estará lá. E não apenas passivamente, mas esperando para abraçá-la. Apenas diga o nome de Jesus, e a condenação do inimigo, que amaria manter você na barriga da baleia pelo restante de sua vida, terá de sair. Você é amada! Você é amada! Você é amada!

William Blake escreveu: "A glória do cristianismo é conquistar pelo perdão."[1] Isso significa que você precisa estar disposta a perdoar a si mesma também. Espero que veja que de todos nós que corremos para os braços de um Pai gracioso e perdoador neste dia, talvez seja você a única pessoa citada individualmente no convite. Bem-vinda ao lar!

Das profundezas clamo a ti, Senhor;
Ouve, Senhor, a minha voz!
Estejam atentos os teus ouvidos às minhas súplicas!
Se tu, Soberano Senhor, registrasses os pecados, quem escaparia?
Mas contigo está o perdão para que sejas temido.

— Salmos 130, versículos 1-4

7

POR QUE DEUS PARECE AUSENTE QUANDO ORO?

Por que algumas vezes Deus parece estar próximo e outras parece estar tão longe?

Tudo ficou tão silencioso como antes —
Tudo em silêncio exceto a chuva que caía.
— Henry Wadsworth Longfellow

A ti eu clamo, Senhor, minha Rocha; não fiques indiferente para comigo. Se permaneceres calado, serei como os que descem à cova. Ouve as minhas súplicas quando clamo a ti por socorro, quando ergo as mãos para o teu Lugar Santíssimo. (Salmos 28:1-2)

Esta deve ser uma das experiências mais solitárias para um cristão: orar e, no entanto, sentir como se Deus estivesse a mil quilômetros de distância. Lembro-me de um tempo como esse em minha vida. A solidão e o desespero eram avassaladores. Escrevi em meu livro *Honestly* [Sinceramente] a respeito da minha luta contra a depressão clínica e a minha subsequente hospitalização,[1] mas ainda não escrevi sobre as semanas que levaram até esse período. Elas foram, de diversas formas, muito mais difíceis. Eu estava clamando a Deus das profundezas do meu coração e não ouvia nada. Ansiava por respostas e não havia nenhuma. Eu estava disposta a fazer qualquer coisa que Deus me mostrasse que eu deveria fazer, mas o céu estava escuro e em silêncio.

Era o verão de 1992. Eu era a coapresentadora do *Clube 700* e morava em Virginia Beach, onde o programa era transmitido ao vivo diariamente. Minha vida era muito atarefada. Eu gravava o *Clube 700* cinco dias por semana e também o meu próprio *talk show, Heart to Heart with Sheila Walsh* [De Coração para Coração, com Sheila Walsh]. Todas as sextas-feiras, no fim dos dois programas, que eram seguidos, eu trocava de roupa rapidamente e me dirigia ao aeroporto. Na maioria dos fins de semana, eu tinha um evento em algum lugar na sexta-feira e aos sábados à noite e voltava para Virginia Beach no domingo, pronta para começar tudo de novo na segunda-feira de manhã. Eu costumava culpar meu empresário por marcar compromissos demais para mim, mas, fazendo um retrospecto, acho que eu gostava da falta de tempo para pensar ou para estar a sós. O silêncio estava me incomodando. O silêncio e a solidão nos convidam a dar uma olhada no que poderia estar se passando dentro de nós, e eu não queria fazer isso.

Eu nunca ouvira falar em depressão clínica. Conhecia pessoas que tinham "dias ruins", mas no que se refere a uma doença real, não sabia que algo assim existia. Se alguém tivesse tentado me falar sobre a depressão clínica naquela época, eu teria ficado muito cética, principalmente com referência à vida de um cristão. Estou certa de que meu instinto automático teria sido citar um versículo que parecesse adequar-se à situação.

Eu era culpada por usar a Palavra de Deus que vivifica como um curativo para cobrir uma ferida. Eis alguns dos versículos que me vinham à mente:

- "Tudo posso naquele que me fortalece" (Filipenses 4:13).
- "Em todas estas coisas somos mais que vencedores, por meio daquele que nos amou. Pois estou convencido de que nem morte nem vida, nem anjos nem demônios, nem o presente nem o futuro, nem quaisquer poderes, nem altura nem profundidade, nem qualquer outra coisa na criação será capaz de nos separar do amor de Deus que está em Cristo Jesus, nosso Senhor" (Romanos 8:37-39).
- "Graças a Deus, que sempre nos conduz vitoriosamente em Cristo e por nosso intermédio exala em todo lugar a fragrância do seu conhecimento" (2Coríntios 2:14).

Não me entenda mal, essas são palavras maravilhosas que em muitas situações destinam-se a elevar o nosso espírito. Mas, em vez de me ajudar, aquela felicidade forçada e o fato de citar versículos bíblicos estavam me ferindo quando eu comparava isso com a maneira como realmente me sentia — que não era nada semelhante a esses versículos. Em vez de permitir que a Palavra de Deus fosse uma luz para o meu caminho escuro, ela se tornou um juiz severo do que eu não estava fazendo ou experimentando. A minha consciência me disse que eu *deveria* ser capaz de me elevar acima do desespero que sentia. Eu *deveria* estar ciente do amor de Deus. Eu *deveria* ser vitoriosa. Esse ciclo me fazia infeliz.

Não fazia ideia do que havia de errado comigo. Tudo que eu sabia era que me sentia devastadoramente triste o tempo todo, mas eu conseguia esconder isso dos outros e seguir em frente com o meu trabalho.

Eu escondia a minha tristeza porque não havia razão aparente para ela. Se alguém me perguntasse o que estava errado comigo, eu não saberia o que dizer. Se houvesse algum pecado óbvio e evidente em minha vida, minha infelicidade teria feito mais sentido para mim. Eu não conseguia identificar qualquer coisa, a não ser o fato de ocasionalmente estar cansada demais para orar ou ser incapaz de me concentrar quando tentava ler a Bíblia. Certamente, não era nada pelo qual eu esperasse que Deus me "castigasse".

Fisicamente, eu me sentia como se estivesse perdendo terreno a cada dia. Não conseguia dormir ou comer. Eu tinha cada vez mais dificuldade de me concentrar por qualquer período... o que é problemático quando você está se preparando para dois programas de televisão ao vivo por dia!

Decidi que deveria ser um ataque do inimigo, e assim eu simplesmente tinha de ser forte e resistir a ele. Afinal, a Palavra de Deus me dizia que se eu resistisse ao diabo, ele fugiria de mim (ver Tiago 4:7). Porém, por mais que eu quisesse e por mais que orasse em voz alta ou com autoridade, as trevas não retrocediam.

Fiz tudo o que podia fazer como cristã. Pedi a mulheres por quem eu tinha um grande respeito para orarem por mim. Jejuei e orei por 21 dias, e ainda assim os céus pareciam estar em silêncio para comigo. Nessa época, eu tinha 34 anos. Era cristã desde os 11, e essa era a primeira vez, em 23 anos, em que me sentia como se minhas orações não estivessem sido respondidas. Na verdade, era pior que isso: eu me sentia como se elas não estivessem sendo ouvidas.

A TEMPESTADE

Certo dia, quando eu estava dirigindo para casa na volta do estúdio, uma tempestade começou a se formar. O céu ficou escuro de uma forma estranha que eu nunca havia visto. Não era exatamente escuro, era mais como um vermelho muito, muito intenso. Os trovões rugiam sobre a minha cabeça, e raios cruzavam o céu como se alguém tivesse apanhado uma lâmina para rasgá-lo em pedaços. A chuva fustigava o meu carro e o trânsito ficou lento, parecendo que estávamos nos arrastando. Apenas alguns carros à frente do meu, alguém freou bruscamente, e o carro atrás dele bateu na sua traseira, assim como o que vinha atrás do segundo veículo.

Algo em mim reagiu, então procurei o acostamento da estrada e parei o carro. Sentia-me muito abandonada. A tempestade me parecia uma representação física do meu tumulto espiritual: nada fazia mais sentido para mim. Cheguei até a me perguntar se eu causara a tempestade porque, de algum modo, Deus estava zangado comigo. Estava perdida e sem nenhum lugar para onde ir.

Minha mente girava com perguntas que eu não conseguia responder:

- *O que você faz como cristã quando ora sem parar e parece que Deus parou de ouvir?* Como alguém que lança uma pedra em um poço fundo e nunca a ouve atingir o fundo, eu me sentia como se estivesse lançando minhas orações em uma escuridão que nunca atingia Deus: "Pai, você está me ouvindo? Você pode ver que estou me afogando aqui? Sinto-me tão sozinha. Por favor, ajude-me!"
- *O que você faz quando tudo com o que você contava antes parece* não *mais funcionar?* Considero-me alguém que sempre andou pelo caminho reto e estreito, que faz todas as coisas "certas", mas que por mais que eu fizesse, estava perdendo terreno a cada dia: "Pai, por favor, diga-me o que fazer, estou perdida. Eu oro, leio a sua Palavra, jejuo, mas nada muda. Estou com tanto medo."

- *Para onde mais posso ir?* Sentia-me literalmente como se não houvesse nem uma porta aberta para mim, nem um vislumbre de esperança: "Pai, se ainda resta alguma misericórdia em seu coração para mim, então, por favor, leve-me para casa. Não posso mais fazer isto; é difícil demais, e estou muito cansada. Minha vida está se esvaindo."

Eu havia chegado a uma crise e precisava fazer alguma coisa ou iria sucumbir.

Naquela tarde, liguei para a minha mãe, que ainda mora na mesma pequena cidade na costa oeste da Escócia, onde fui criada. Contei a ela o que estava acontecendo comigo, e disse que me sentia como se tivesse perdido o rumo, ou como se Deus tivesse me perdido.

Mamãe encorajou-me a dar uma boa olhada para trás, na estrada que eu havia percorrido com Deus.

— Ele alguma vez a abandonou? — perguntou.

Eu sabia que ele nunca havia feito isso. Mas desta vez eu *sentia* algo diferente.

— Sheila, você não pode permitir que a maneira como se sente tire de você a verdade de que não importa onde esteja ou o que esteja acontecendo com você, Deus prometeu que nunca a deixará. E ele não pode mentir.

Peguei as palavras de minha mãe e a sua promessa de orar por mim e me envolvi nelas naquela noite enquanto tentava dormir. Eu sabia que precisava de ajuda. O dr. Henry Cloud havia participado do meu programa algumas semanas antes, e me deu o seu cartão. Liguei para ele e lhe disse que achava que estava ficando louca. Ele me disse que eu realmente precisava de ajuda, e que ficaria feliz em organizar as coisas para que isso acontecesse.

Se eu tivesse mais conhecimento dos sinais da depressão clínica em uma fase anterior, agora saberia que poderia ter sido auxiliada por aconselhamento ou medicamentos; mas nunca considerei essa opção. No que dependesse de mim, eu podia manter todos os pratos girando no ar por tanto tempo quanto fosse necessário. Eu teria me sentido humilhada em admitir que precisava de ajuda. Minha identidade se fundamentava no que eu fazia e não em quem eu era, e eu tinha muito medo de fracassar. O meu medo me manteve aprisionada até que o poço ficou tão profundo que eu não conseguia mais sair dele sozinha.

Na noite seguinte, fui admitida como paciente em uma ala psiquiátrica, onde permaneci por um mês. À medida que comecei a entender a doença da depressão clínica, também comecei a desfrutar um novo relacionamento com meu Pai. O que é importante é o fato desse relacionamento não se fundamentar em nada que eu pudesse fazer, mas se alicerçar simplesmente em quem Deus é e no amor dele por mim.

Escrevi em meu diário naquela primeira noite:

Eu nunca soube que tu vivias tão perto do chão
Mas todas as vezes que estou prostrada
Esmagada pelo peso desta dor,
Sinto tua mão em minha cabeça
Tua respiração em meu rosto
E as tuas lágrimas em meu pescoço
Tu nunca me dizes para me controlar
Para reprimir o fluir de tantos anos
Tu simplesmente te sentas ao meu lado
Por tanto tempo quanto necessário
Tão perto do chão.

Por que Deus parece tão distante?

Você já passou por isso? Já houve um tempo em que por mais que você orasse apaixonadamente, Deus parecia na melhor das hipóteses indiferente, se não ausente? Talvez a sua experiência estivesse sendo marcada pela depressão clínica, como foi o meu caso. Ou talvez houvesse outros motivos para essa sensação de separação de Deus. Vamos dar uma olhada em alguns motivos pelos quais sentimos que estamos separadas de Deus.

Nosso Comportamento

Há momentos em nossas vidas em que Deus retira a sua presença porque quer que prestemos atenção ao caminho destrutivo que estamos trilhando. Deus nos ama, mas é um Deus santo e não vai ser complacente conosco quando estamos vivendo de uma maneira que contradiz a sua Palavra.

Um dia, recebi uma carta de uma mulher que queria saber por que Deus não estava respondendo às suas orações. Ela disse que precisava de direção, mas parecia que Deus não a ouvia. Então, ela contou a sua situação: estava dormindo com três homens, e queria que Deus lhe mostrasse qual era o homem certo para ela.

Quando me recuperei do choque inicial, orei pedindo sabedoria e entendimento. Eu não conhecia a história pessoal daquela mulher ou como ela havia sido criada. Também analisei que as coisas mudaram culturalmente e que o tom sincero da carta deixava claro que ela não achava que estava fazendo algo errado. Há muitas pessoas em nossa cultura que não tiveram o hábito de frequentar uma igreja, ou que foram usadas ou sofreram abuso quando crianças, pessoas cujo padrão de vida sempre foi esse. Elas precisam de graça, aceitação e bondade de nossa parte enquanto Deus conserta o caminho delas e repinta o quadro do que o amor realmente é.

Quando escrevi para ela, agradeci por sua sinceridade. Disse-lhe que era plano de Deus que um homem e uma mulher unissem suas vidas no casamento, e dentro dessa união desfrutassem todo dom perfeito que Deus preparou, inclusive o sexo.

Contei-lhe sobre um homem da Bíblia chamado Davi que amava a Deus, mas que realmente deixou a peteca cair. Lembrei a ela a oração dele depois que pecou com Bate-Seba. Davi é conhecido como um homem segundo o coração de Deus, no entanto ele preparou as coisas para que o marido de Bate-Seba morresse em combate para que ele pudesse tê-la. Embora Davi tivesse conseguido o que sua carne queria, o seu espírito sofria com a separação que agora sentia entre ele e Deus. A oração dele está registrada no Salmo 51:

> Tem misericórdia de mim, ó Deus, por teu amor; por tua grande compaixão apaga as minhas transgressões. Lava-me de toda a minha culpa e purifica-me do meu pecado. Pois eu mesmo reconheço as minhas transgressões, e o meu pecado sempre me persegue. Contra ti, só contra ti, pequei e fiz o que tu reprovas, de modo que justa é a tua sentença e tens razão em condenar-me.
>
> Cria em mim um coração puro, ó Deus, e renova dentro de mim um espírito estável. Não me expulses da tua presença, nem tires de mim o teu Santo Espírito.

Devolve-me a alegria da tua salvação e sustenta-me com um espírito pronto a obedecer.

Os sacrifícios que agradam a Deus são um espírito quebrantado; um coração quebrantado e contrito, ó Deus, não desprezarás. (Versículos 1-4, 10-12, 17)

Somente quando Davi arrependeu-se do seu comportamento e buscou sinceramente o perdão de Deus foi que as comportas foram abertas e ele foi levado de novo à presença de seu Pai.

Por favor, entenda: cada uma das nossas situações é diferente. Todas nós vamos a Deus de formas distintas, mostrando arrependimento de várias maneiras. Embora Deus sempre nos perdoe, a resposta dele para nós vem de modos diversos. Pode ser uma comporta como aconteceu com Davi; pode ser uma voz mansa e suave na noite, ou um sentimento de calma inigualável. Pode vir instantaneamente ou com o tempo. Pode ser que a nossa vergonha seja substituída pela paz ou mesmo que por algum tempo colhamos as consequências das nossas escolhas. O ponto é que se clamarmos a Deus, ele estará lá. Todas nós pecamos, cabe então a nós examinarmos sinceramente os nossos corações e nos certificarmos de que não estamos permitindo que a nossa própria culpa nos afaste daquele que perdoa, e que o pecado em si não esteja impedindo o caminho até ele.

Nosso comportamento para com os outros

Há outros momentos em que as nossas orações podem ser impedidas não apenas pela maneira como o nosso comportamento nos afeta, mas pelo modo como o nosso comportamento afeta outros. Considere, por exemplo — e menciono isso porque é muito comum — o nosso comportamento no casamento. Quando vivemos com alguém todos os dias temos muitas oportunidades de tratar essa pessoa de uma maneira, digamos, não *exatamente* como Deus gostaria. Nenhum casamento é perfeito; todas nós entendemos isso. Mas, se desrespeitarmos o nosso cônjuge continuamente — seja por qual motivo for — sem resolver as coisas, iremos construir uma muralha não apenas entre nossos cônjuges e nós mesmas, mas entre Deus e nós.

Pedro sabia disso quando escreveu:

> Vocês, maridos, sejam sábios no convívio com suas mulheres e tratem-nas com honra, como parte mais frágil e co-herdeiras do dom da graça da vida, de forma que não sejam interrompidas as suas orações. (1Pedro 3:7)

Estou supondo que isso se refere provavelmente aos dois lados. Na verdade, sei que sim!

A regra funciona para qualquer relacionamento. Se você sabe que tem abrigado uma má vontade contra alguém — família, cônjuge, amigo, colega de trabalho etc. — e "por coincidência" descobre que a sua vida de oração não é o que costumava ser... peça a Deus a graça para mudar o seu coração e a sua atitude.

Nossa Falta de Perdão

Em minha vida, uma das maiores rochas a escalar tem sido a falta de disposição para perdoar. Estou certa de que não estou sozinha nisso. É difícil admitir que agimos mal e dizer que sentimos muito, mas, em geral, é ainda mais difícil perdoar. Algumas vezes deixamos nossa justiça própria crescer, sabendo que nos fizeram mal e querendo guardar aquela mágoa contra outra pessoa indefinidamente, em vez de deixá-la para trás.

A meu ver, a declaração mais impressionante da cruz foi quando Jesus clamou: "Pai, perdoa-lhes, pois não sabem o que estão fazendo" (Lucas 23:34). Jesus pediu a Deus para perdoar os seus torturadores enquanto ele ainda estava em agonia física e espiritual, e não depois que ele havia ressuscitado dos mortos. Ele fez essa oração de perdão no meio da tempestade, não quando o sol começou a lembrar à terra que havia dias melhores à frente. Você pode imaginar o quanto isso deve ter sido difícil?

Perdoar é difícil. É ainda mais difícil quando a pessoa que nos fez mal não se sente nem um pouco culpada. Mas quando ouço as palavras de Cristo registradas no Evangelho de Mateus, fica claro para mim que, se eu quiser viver de maneira livre e leve, então preciso aprender a viver como Jesus:

> Venham a mim! Andem comigo e irão recuperar a vida. Vou ensiná-los a ter descanso verdadeiro. Caminhem e trabalhem comigo! *Observem como eu faço!* Aprendam os ritmos livres da graça! Não vou impor a vocês nada que seja muito pesado ou complicado demais. (Mateus 11:28-29, MSG, grifo da autora)

Durante a minha luta contra a depressão, alguém que eu considerava uma amiga se afastou de mim por causa da escolha que fiz de procurar ajuda e tomar medicamentos. Inicialmente, senti-me ferida, mas como pode acontecer com frequência, a ferida se transformou em ira. Todas as vezes que eu tentava orar, via o rosto da pessoa, e, com aquele rosto diante de mim, a minha visão de Deus era bloqueada; minhas orações caíam aos meus pés.

Isso me pareceu extremamente injusto! Tentei argumentar com Deus que não era eu a pessoa que havia quebrado o relacionamento, mas ele não aceitava meus argumentos. Eu estava com um dilema. Sabia que precisava perdoar a pessoa, mas absolutamente não tinha nenhum desejo de fazer isso. Então comecei de onde eu estava. Minhas primeiras orações foram patéticas: "Querido Deus, sei que preciso perdoar, então escolho fazer isso, embora eu não tenha a menor intenção de fazê-lo."

Durante semanas orei por essa pessoa embora meu coração não estivesse envolvido naquilo, mas algo interessante começou a acontecer comigo. Quanto mais eu alinhava minha vontade à de Deus, mais ele começava a transformar o meu coração. À medida que as semanas se transformaram em meses, via-me orando por aquela pessoa e realmente sendo sincera. Foi uma experiência impressionante e pela qual sou realmente grata, pois ela me libertou de carregar o peso da falta de perdão pelo restante de minha vida.

Como disse a meu filho inúmeras vezes, o perdão é o presente de Deus para nos ajudar a viver em um mundo que não é justo. O mais importante, porém, é a lição: quanto mais permitirmos que a nossa ira se dissipe, quanto mais nos centralizarmos no perdão e em Deus, mais oportunidades teremos de sentir a sua presença e a sua resposta às nossas petições. A pedra da amargura e do ressentimento rola para longe do nosso caminho, e mais uma vez estamos em comunhão com Deus e com a sua vontade.

Não há dúvida de que este capítulo abrange um tópico difícil. Os motivos para a aparente distância entre Deus e nós são muitos, e todas nós sentimos essa separação em um momento ou outro da vida. Mas aconteça o que acontecer, precisamos nos lembrar de que Deus é soberano.

Uma das maiores lições que aprendi na escuridão da minha primeira noite de tratamento foi que Deus está sempre presente, independentemente de como nos sentimos. Haverá momentos em nossas vidas em que fatores como a doença ou a depressão, a insegurança ou a dúvida, o inimigo das nossas almas ou o inimigo que podemos ser para nós mesmos nos farão duvidar que Deus está ouvindo. Nossos sentimentos, entretanto, não mudam os fatos e não alteram o caráter de Deus. Ele *está* com você! Agarre-se a essa verdade! Em meio à incerteza ou nos dias em que Deus pode parecer distante, ele está presente. Independentemente do que possa *parecer* verdade, ainda podemos louvá-lo na tempestade.

Há uma calma para toda tempestade
Que encontramos de dia em dia,
Uma santa paz que habita no interior,
E sorri afastando as nuvens.
A estrela da esperança ainda brilha com força,
Embora as ondas quebrem com fúria,
E nos seus raios as palavras que seguimos,
O sonho da vida em breve terá fim.

Há um amigo, um amigo constante,
Que não dormita nem dorme,
Mas segura em seu terno cuidado
A alma confiante ele guarda;
O seu arco de amor ainda cruza o céu,
E aponta para aquela praia,
Enquanto nos seus raios as palavras que seguimos,
Os cuidados da vida em breve terão fim.

Há uma manhã quando despertaremos
Em casa além do rio,
E à semelhança do nosso Salvador então,

Seremos satisfeitos;
Ó corações que anseiam e sangram e se partem
Por alegrias que já não vêm,
Olhem para o alto e leiam as palavras benditas,
As lágrimas da vida em breve terão fim.

— Fanny Crosby

8

POR QUE DEUS A AJUDOU, MAS NÃO ME AJUDOU?

Deus tem favoritos?

Toda vez que um amigo é bem-sucedido, alguma coisa em mim morre.
— Gore Vidal

Temos esse tesouro em vasos de barro, para mostrar que este poder que a tudo excede provém de Deus, e não de nós. De todos os lados somos pressionados, mas não desanimados; ficamos perplexos, mas não desesperados; somos perseguidos, mas não abandonados; abatidos, mas não destruídos. Trazemos sempre em nosso corpo o morrer de Jesus, para que a vida de Jesus também seja revelada em nosso corpo. (2Coríntios 4:7-10)

Vejo uma doce ironia no fato de que faço parte de uma equipe chamada Women of Faith [Mulheres de Fé]. Gostaria muito de pensar que tenho uma grande fé em Deus, mas não estou certa se essa seria uma descrição adequada de mim mesma. Alterno entre tais momentos e os de dúvida avassaladora. Meus temores não são acerca de Deus ou da sua capacidade de fazer coisas maravilhosas, mas sim a respeito da minha parte no processo. Às vezes, em uma noite de sexta-feira, quando me sento em uma arena de conferência com vinte mil mulheres, me vejo pensando: "Senhor, não posso fazer isso!" Sinto-me como o garotinho que levou seu almoço para Jesus e depois viu o tamanho da multidão, e então sussurrou para si mesmo: *Provisão insuficiente!*

Felizmente, vez após vez, o Senhor tem-me lembrado que o milagre não estava no escasso almoço do menino, mas nas mãos daquele que o recebeu, o abençoou, o partiu, e alimentou mais de cinco mil pessoas com ele. Cada fim de semana tem o seu ponto alto, mas nada poderia ter preparado nenhuma de nós para o que Deus faria em 22 de outubro de 2004. Os eventos daquele fim de semana nos transformariam para sempre.

Milagre em Mineápolis

Tudo começou como sempre fazemos em todas as conferências. Iniciamos com um período de adoração, que é exatamente o que todos precisam em uma sexta-feira à noite. É necessário um planejamento muito minucioso, ajuda, fé, maridos, babás, e a intervenção divina para que vinte mil mulheres encontrem o seu lugar em uma sexta-feira à noite. Amo olhar para a multidão e ver enquanto as expressões exaustas são renovadas pelo som de vinte mil mulheres louvando a Deus juntas. É realmente uma experiência notável fazer parte de um coral como esse.

Cada membro da equipe de conferencistas e os nossos convidados musicais reservam tempo para estar disponíveis na reunião, nos intervalos ou ao fim de cada dia, a fim de que as mulheres possam ter os seus livros ou CDs autografados ou simplesmente para que falem conosco por alguns instantes. Como eu era a palestrante daquela noite, permaneci na arena depois que o evento terminou.

Quando acabei de autografar os livros, fui até o estacionamento para pegar o ônibus de volta para o hotel. Imediatamente, senti que algo estava errado. Em geral, a multidão está andando por ali, brincando uns com os outros ou em uma reunião com Mary Graham, nossa presidente, revendo o evento da noite e se preparando para o dia seguinte. Em vez disso, naquela noite eles estavam em pé em grupos de duas ou três pessoas, e ninguém estava falando. Perguntei a Mary o que havia de errado, e ela me disse que Pete Malvizzi, o nosso diretor de iluminação, sofrera um terrível aneurisma cerebral e estava na UTI de um hospital próximo.

Foi muito difícil assimilar a informação. Em um instante, Pete estava na mesa de iluminação no controle de uma enorme quantidade de luzes de palco — e, no momento seguinte, ele caíra no chão. O médico não deu esperança e disse à nossa equipe para chamarmos a mulher de Pete imediatamente, pois ele provavelmente sofrera morte cerebral, mas estava sendo mantido vivo na unidade de suporte à vida até que sua família pudesse lhe dizer adeus.

O hospital ficava a apenas duas quadras. Assim, à medida que o dia seguinte passava, todos os palestrantes e Mary Graham iam até lá de dois em dois durante os intervalos. Marilyn Meberg e eu fomos dizer adeus a Pete durante o intervalo da manhã de sábado.

Eu gostaria muito de lhe dizer que quando vi Pete tive fé para um milagre, mas a situação dele parecia desesperadora. Ele estava inconsciente, ligado a todo tipo de máquinas, e havia um tubo saindo do seu crânio que drenava o sangue do cérebro — ele parecia tão frágil deitado ali... Marilyn e eu choramos, compartilhamos a nossa dor e, então, fizemos uma oração muito simples.

Pai querido,

Aqui está o teu servo Pete. No quarto ao lado, Teresa, sua mulher, e a mãe dele estão sentadas com o coração partido. Em casa, Joey, seu filhinho, está esperando que seu pai volte para casa. Deus, tu poderias curá-lo? Nós o amamos, e nós te amamos. Amém.

Marilyn e eu voltamos à conferência. No fim do dia, Mary pediu-me para convidar as participantes para orarem conosco por Pete e sua família. Antes que eu orasse, sugeri que qualquer pessoa que tivesse um ente querido em uma situação de risco de vida se colocasse em pé em favor dessa pessoa enquanto eu orava. Naturalmente, todos nós nos levantamos por Pete e centenas de mulheres se levantaram em todos os lugares. Foi inacreditável.

Depois da conferência, Marilyn e Mary voltaram ao hospital. Por volta de uma hora depois a equipe chegou, tendo terminado o seu dia de trabalho. Alternadamente, a equipe entrava e saía para expressar sua preocupação e suas condolências.

Pete parecia diferente. Estava começando a reagir de uma maneira que não havia feito nas últimas 24 horas. Surpreendentemente, o quadro clínico dele mostrou uma mudança que teve início no momento exato em que oramos por ele na arena.

Mais tarde, dois neurocirurgiões e um neurologista disseram que consideraram Pete morto quando ele foi levado ao hospital: "Não tivemos a mínima dúvida que ele não sobreviveria." Por volta do sábado à noite, 24 de outubro, Pete estava reagindo a comandos muito específicos do tipo "Aperte a sua mão direita" e "Levante a sua perna esquerda". O médico disse à nossa intercessora, Lana Bateman: "Acredito que vocês estejam fazendo algum tipo de oração!"

Pete estava de volta ao seu lugar como diretor de iluminação — ele é um milagre vivo. Mas mesmo enquanto agradeço a Deus por isso, tenho consciência de que naquele mesmo dia outros cristãos estavam clamando a Deus, em favor de seus entes queridos, e que, por motivos que só Deus conhece, as vidas deles não foram poupadas. Não é humano querer saber por quê? Por que Deus curou Pete e não curou os outros? Outros homens, com mulheres e filhos que precisavam deles tanto quanto Teresa e Joey precisavam de Pete, morreram naquele dia. Eles eram cristãos clamando a Deus por um milagre e não conseguiram receber um.

Por quê?

Podemos ampliar as perguntas e ir além da questão da cura.

- Por que Deus dá mais dons a alguns cristãos que a outros?
- Por que alguns cristãos têm uma vida muito mais fácil que outros? Por que Deus diz sim às orações de algumas pessoas e não a outras?

Creio que todos esses conceitos podem ser colocados no mesmo nível da oração. Todos os dons e o caminho que nos é dado para trilhar derivam do nosso relacionamento com o nosso Pai. Uma vez que a oração é a forma mais íntima de comunicação entre nós e Deus, se acreditamos que ele está favorecendo outra pessoa mais que a nós, isso enfraquecerá a nossa confiança, e consequentemente a nossa vida de oração. Não queremos sentir que nossas orações são inúteis, portanto precisamos ter uma compreensão melhor — e aceitação — do que Deus nos dá e do que ele espera de nós em troca.

O QUE ELA GANHOU?

Quando eu era uma garotinha, uma das minhas noites favoritas do ano era a festa de Natal da escola dominical. Todos nós colocávamos as nossas melhores roupas de Natal e brincávamos no salão da parte de baixo da igreja até o grande momento. A srta. Burley dizia: "Vocês estão ouvindo alguma coisa? Acho que estou ouvindo alguma coisa." Todos ficavam quietos até que se podia ouvir um alfinete cair, e ali estava ele — o som dos sinos do trenó.

A essa altura, eu estava delirando de expectativa, esperando pelo familiar "Ho! Ho! Ho!"

Então, Papai Noel chegava carregando um saco sobre o ombro. Suas bochechas estavam vermelhas por causa do ar frio da noite, e todos nós cantávamos para ele:

Bate o sino, pequenino, sino de Belém
Já nasceu Deus menino, para o nosso bem!

(A canção nunca funcionou para mim. Eu a achava um tanto constrangedora e ficava aliviada porque Papai Noel parecia não perceber — ou pelo menos não se ofender. Afinal, todo mundo sabe que ele usa renas e não um cavalo!)[3]

Depois de cantarmos a nossa canção, nós nos sentávamos em um círculo e então Papai Noel começava a tirar presentes do grande saco e a chamar as crianças pelo nome. Os presentes eram embrulhados em um papel com tema natalino, brilhante e colorido. Quando chegava a minha vez, eu mal podia andar de tão empolgada.

Lembro-me de uma festa específica em que as coisas não saíram exatamente como uma garotinha esperaria. Eu devia ter oito ou nove anos. Levei o meu presente de volta para o meu lugar no círculo com tanto cuidado quanto se estivesse carregando o Menino Jesus em pessoa. A menina ao meu lado já abrira o presente dela. Era uma boneca Cindy — o equivalente escocês para a Barbie. (Não tão magra e com menos maquiagem!) Ela estava impactada com o seu presente... até eu abrir o meu. Eu recebera um espelho com uma escova e um conjunto de pentes. Ele era rosa com pequenos brilhos que eu achei que fossem diamantes de verdade.

Quando viu o meu presente, a outra menina disse:

— Eu prefiro ganhar isso. Você quer trocar de presente?

---

[3] A letra em inglês diz: "Como é divertido andar em um trenó puxado por um cavalo!" (N. T.)

Eu disse que preferia ficar com o meu presente, pois Papai Noel o havia escolhido para mim, e disse que o presente dela também era legal.

Então as coisas ficaram feias. Ela teve uma verdadeira crise. A declaração final dela foi que agora estava claro para ela que o Natal era uma piada! Papai Noel tinha favoritos, e isso não era justo!

Quem você pensa que é?

Você já se sentiu assim? Já se pegou pensando: "Deus a ama mais que a mim. Ele deu mais a ela que a mim, e ele responde às orações dela com mais frequência que as minhas." Se você já passou por isso, creio que há algum fundamento para o que você podia estar sentindo (vou explicar o que quero dizer adiante). Mas a maneira como você reage a essa realidade e a interpreta faz toda a diferença.

Quero lembrar a você uma história do Evangelho de Mateus:

> O Reino de Deus é também como um homem que saiu para uma longa viagem. Antes de partir, chamou seus empregados e lhes delegou responsabilidades. Ao primeiro deu cinco mil moedas, ao segundo duas mil e ao terceiro mil, conforme a capacidade deles. Feito isso, partiu. Imediatamente, o primeiro empregado começou a trabalhar e duplicou o investimento do patrão. O segundo fez o mesmo. Mas o homem que recebera mil moedas preferiu guardá-las num cofre.
>
> Depois de uma longa ausência, o patrão deles voltou e foi acertar as contas com os três empregados. O que havia recebido cinco mil moedas relatou que duplicara o investimento. O patrão elogiou-o: "Bom trabalho! Você soube negociar! De hoje em diante, será meu sócio!"
>
> O empregado que recebera duas mil moedas também conseguiu duplicar o investimento do patrão, e este o elogiou: "Bom trabalho! Você soube negociar! De hoje em diante, será meu sócio!"
>
> O empregado que recebera mil moedas declarou: "Patrão, sei que o senhor tem padrões elevados e detesta as coisas mal feitas, que é exi-

gente ao extremo e não admite erros. Fiquei com medo de desapontá-lo, por isso guardei seu dinheiro num cofre bem seguro. Aqui está seu dinheiro, são e salvo, até o último centavo".

O patrão ficou furioso. "Odeio essa filosofia de vida, que não aceita correr riscos. Se você sabe que sou exigente, por que não fez o mínimo que se podia esperar? O mínimo seria aplicar o dinheiro num banco. Haveria pelo menos um pequeno rendimento."

Ele ordenou: "Pegue as mil moedas e as entregue ao que arriscou mais. E tirem o sr. Garantia daqui. Lancem-no fora, nas trevas exteriores." (Mateus 25:14-30, MSG)

Muitas coisas ficam imediatamente claras a partir da parábola de Cristo. O Senhor realmente dá mais a alguns que a outros, porém, tudo o que importa para ele é o que cada servo faz com o seu dom. Assim como o senhor não espera que o servo que recebeu mil dólares produza o mesmo que o que recebeu cinco mil, Deus não espera o mesmo de cada um de nós. Ele simplesmente espera que sejamos bons mordomos dos seus dons.

Ao aplicarmos esse princípio ao paradigma da igreja local, significa que uma mulher pode ter o dom de ser palestrante e líder, e outra o de fazer arranjos de flores. O que importa para Deus é que aquela que tem o dom de ser palestrante e líder coloque seus dons em ação o tempo todo. Ela não pode olhar para a que faz os arranjos de flores e pensar: "Ela tem um trabalho leve enquanto eu tenho toneladas de coisas para preparar." Ela também não deve pensar que precisa conter o seu dom por não querer que a outra mulher pense que ela está vaidosa por causa dele. O que a outra mulher faz deveria ser irrelevante para o seu próprio dom e trabalho.

Do mesmo modo, a mulher que tem o dom de fazer arranjos florais é chamada para fazer tudo dentro da sua capacidade todas as vezes que ela arruma as flores como uma oferta a Deus. Se ela desvalorizar o seu dom porque ele não é um ministério tão evidente quanto pregar e liderar, ela não captou o cerne da questão: o fato de que o próprio Deus lhe deu aquele dom tendo tarefas específicas em mente. Focar em qualquer coisa além disso entristece o coração de Deus.

Tive problemas com o meu próprio dom por algum tempo. Durante o meu primeiro ano com o Women of Faith, eu ouvia comentários como estes das mulheres a cada fim de semana:

- "Quando você subiu ao palco pela primeira vez, pensei que eu não fosse gostar de você."
- "Eu poderia me identificar mais com você se você fosse mais gorda."
- "Você parecia tão 'perfeita' que eu não achei que pudesse ter nada em comum com você."

Comecei a sentir que no instante em que meus pés tocavam o palco, eu tinha de fazer e dizer coisas que quebrassem qualquer barreira. Ora, na maioria dos dias em casa você me encontrará de jeans e boné de baseball, mas nos finais de semana de conferência dedico tempo para ter uma aparência agradável para a audiência que vai me assistir. Muitas das mulheres mal conseguem chegar aos seus assentos para começar a noite tendo passado o dia tentando garantir que a casa irá funcionar sem elas. Elas correm para dentro e desabam na cadeira... e então eu subo ao palco usando meu terninho e minha maquiagem.

Eu falava sobre quando pintei o cabelo e ele ficou verde ou das minhas dificuldades com meu peso, ou minha pele quando era adolescente, ou sobre usar salto alto porque estou encolhendo. Durante algum tempo, era quase como se eu sentisse que tinha de me desculpar pelo fato de que Deus me escolhera para fazer parte da equipe do Women of Faith.

Até que li uma passagem da segunda carta de Paulo à igreja de Corinto:

> Não nos pregamos a nós mesmos, mas a Jesus Cristo, o Senhor, e a nós como escravos de vocês, por amor de Jesus. Pois Deus que disse: "Das trevas resplandeça a luz", ele mesmo brilhou em nossos corações, para iluminação do conhecimento da glória de Deus na face de Cristo. Mas temos esse tesouro em vasos de barro, para mostrar que este poder que a tudo excede provém de Deus, e não de nós. (2Coríntios 4:5-7)

O fato de Paulo dizer à igreja de Corinto: "Somos apenas vasos de barro" é como falar a uma igreja hoje: "Somos apenas as caixas de papelão." Corinto era um porto náutico agitado e uma cidade rica. O receptáculo mais comum para conter mercadorias ou para transportar artigos de uma cidade para outra era um vaso de barro. Eles tinham todos os tamanhos imagináveis — eram as caixas de correio daquela época. Então o que Paulo estava dizendo na essência era (minha paráfrase):

> Somos apenas os contêineres, as caixas de papelão. Não somos o cerne da questão. É assunto de Deus o que ele vai colocar em cada caixa. Uma caixa nunca se vira para o transportador e pergunta por que ela só tem dois copos enquanto outra caixa tem seis. O que está dentro da caixa não diz nada sobre a caixa e diz tudo sobre o fabricante. Tudo que se espera é que a caixa contenha o que foi dado a ela para guardar e proteger o conteúdo.

Achei isso tão libertador! Se Deus decidiu colocar seis coisas na minha caixa, dez na caixa de Billy Graham e quatro na da tia Hilda, isso é assunto dele e não meu. Eu não posso imaginar uma caixa pedindo desculpas pelo que lhe foi pedido que carregasse ou querendo carregar mais ou algo diferente. A caixa não era o cerne da questão; ela era apenas o receptáculo.

Pergunto-me quantas de nós nos ressentimos pelos dons dos outros ou pelo tamanho da nossa caixa comparada com a deles. Ou quantas de nós nos contemos porque ficamos constrangidas por causa dos nossos dons. Se esse for o seu caso, saiba que é inútil agir assim, é uma perda de tempo e energia. Se Deus colocou dez coisas na sua caixa e três na minha, isso significa que ele a ama mais? Absolutamente não! Deus me ama tanto quanto você, e, com esse conhecimento, nada mais deve importar.

É por isso que o comentário de Gore Vidal que incluí no início deste capítulo me entristece. Pensar que todas as vezes que um amigo dele é bem-sucedido faz ele sentir como se parte dele morresse parece uma maneira solitária e limitada de se viver. Vivendo assim você não é livre. Você não é livre para celebrar os sucessos de outros ou mesmo para aceitar a alegria deles quando o sucesso acontece a você.

Durante os dez primeiros anos em que estive nos Estados Unidos, fui uma artista cristã do mundo da música. Toda a minha vida era gravar e fazer turnês. A cada ano no Dove Awards (os prêmios da música cristã), eu era motivo de piadas bem-intencionadas por parte dos meus amigos. Eles diziam que, se você quisesse ganhar um prêmio, deveria garantir que estivesse na mesma categoria de Sheila, porque ela nunca vence. Eu nunca venci. Observei Sandi Patty ganhar mais prêmios Dove Awards do que alguém poderia conseguir segurar, mas nenhum deles caiu na minha mão!

A verdade, porém, é que amo Sandi e a sua voz. O fato de Deus ter colocado muito mais notas altas e uma textura vocal gloriosa na caixa dela do que na minha é assunto dele. Consigo ficar feliz por Sandi, e o mais glorioso é que ela também fica feliz por mim. (Abro um parêntese para comentar que, em uma de nossas conferências do Women of Faith, Sandi me perguntou se poderia dar-me uma sugestão vocal de algo "sofisticado" que eu podia tentar no final da minha canção. Eu tentei... e digamos simplesmente que eu não consegui. Eu mal pude terminar a canção sem rir! Decidimos que é melhor eu continuar com o que tenho na minha caixa!)

Somos os vasos, e o que importa é que Cristo seja visto em nós. Você pode imaginar que impacto teria no mundo se todos que seguem a Cristo vivessem assim? Se todos nós acordássemos um dia de manhã e agradecêssemos a Deus pelos dons que nos foram dados e pedíssemos oportunidades naquele dia para usá-los para a sua glória? Ele é quem está observando e quem nos deu os nossos dons, e questionar isso é insinuar que Deus errou.

Não estou dizendo que isso é sempre fácil. Admito que algumas vezes é difícil viver no planeta Terra e se lembrar de que fomos chamados a fim de viver para uma plateia de uma única pessoa! O problema é que alguns dons recebem louvor e reconhecimento imediatos, e outros não. Precisamos ter em mente para quem estamos trabalhando. Se dependermos da aprovação dos outros, a vida será muito desanimadora, mas, se servimos apenas ao Senhor, o seu amor nos elevará, aconteça o que acontecer. Para Deus, não existem trabalhos pequenos ou tarefas menores. Ele não perde nada. Ele vê toda a roupa que é lavada tarde da noite e todos os lanches que são embrulhados. Ele vê o trabalho extra pelo qual seu chefe nunca lhe dá o crédito devido. Ele vê tudo isso. Se pudermos entender essa verdade, ela nos ajudará com todas as pequenas (ou não tão pequenas) indignidades desta vida.

No que me diz respeito, trabalho para Deus. Ele é meu chefe, e o meu Rei. Portanto, quer esteja escrevendo este livro, gravando um CD, falando para vinte mil mulheres, ou sentada no carro esperando por Christian, não importa. Nenhuma das coisas que fui chamada para fazer é mais importante que outra; tudo o que importa é o meu coração.

Mas e quanto à oração?

Sim, e o que dizer quanto a Deus parecer escolher "favoritos" no que se refere à oração? Falamos sobre Deus atribuir o que poderiam ser considerados dons maiores a uma pessoa comparados ao que ele dá a outra. Então, é verdade que Deus favorece um mais que outro na oração? Certamente, às vezes, parece que sim.

Uma segunda-feira à noite, Barry, Christian e eu estávamos indo ao primeiro jogo de futebol da temporada de 2007. Quando nos aproximamos do campo, perguntei a Christian se ele tinha algum pedido de oração especial. Ele disse:

— Sim, vamos orar para vencermos!

Ri e perguntei a ele:

— Christian, o que você acha que Deus fará se houver um menino no outro time fazendo exatamente a mesma oração?

Ele respondeu com um sorriso:

— Depressa, vamos fazer a nossa oração primeiro!

Quando pensamos em uma figura paterna que recebe o mesmo pedido de dois filhos diferentes, ficamos presos ao nosso entendimento humano de amor. Os pensamentos de Deus são muito mais altos que os nossos (ver Isaías 55:9), e os seus planos são sempre para o nosso bem, para nos fazer prosperar e não para nos fazer mal (ver Jeremias 29:11). O problema é como interpretamos a palavra *prosperar*.

Quando eu estava grávida de Christian, tive uma conversa muito sincera com uma amiga. Temos a mesma idade, e ela anseia por se casar e ser mãe. Casei-me com Barry quando tinha 38 anos e fui abençoada com um filho aos quarenta. Ela me disse que era difícil pensar que nós duas buscamos a Deus praticamente na mesma época com os mesmos pedidos, e Deus me deu um marido e um filho enquanto ela não recebeu nenhum dos dois. Sofri por minha amiga. As perguntas dela fazem totalmente sentido para mim. Pareceria que Deus me *abençoou* mais que à minha amiga.

Mas, se considerarmos em nosso coração toda a lição do "vaso de barro", temos de resistir a crer que isso seja verdade. Se o ponto central das nossas vidas for tornar-se mais semelhante a Cristo e ser um canal do amor de Deus, então a cada um de nós serão dados caminhos para trilhar — o que poderá ou não estar correlacionado com as nossas orações. Alguns caminhos parecem mais atraentes que outros, mas ninguém realmente sabe os fardos que o outro carrega. O que estou convencida é de que Deus ama seus filhos. Não sei por que ele responde à oração de uma mulher de uma maneira e a oração de outra de forma diferente, apenas sei que ele tem uma razão para isso.

Uma das maneiras de podermos avaliar se estamos em paz com o amor de Deus é nos perguntando se nos encaixamos no caso de Gore Vidal — incapaz de se alegrar pelo fato de Cristo brilhar através da vida de outro — ou se somos capazes de reconhecer a sabedoria de Deus enquanto ele empacota amorosamente cada caixa de papelão pessoalmente. Porque somente quando podemos fazer isso — quando podemos aceitar a mão de Deus trabalhando de modo diferente na sua vida em contraste com a minha, respondendo a cada oração no seu próprio tempo e entendimento — é que somos realmente capazes de estar em paz com Deus. Como mencionei, crer que Deus não está nos ouvindo enfraquece o nosso relacionamento com ele, mas alegrar-se em viver o plano dele para nós é libertador!

Deus nos ama e é somente nisso que precisamos focar.

Ó, que a luz flua abundantemente,
A gloriosa luz do dia,
Que derrama sobre a face da natureza
Um raio brilhante e genial.
Precisamos que seus raios guiem os nossos passos,
Antes que os labores diários comecem,
E então que se abra a porta da oração,
E que a luz flua abundantemente,
Que a luz flua abundantemente,
Que a luz flua abundantemente,

E então que se abra a porta da oração,
E que a luz flua abundantemente.

Ó, que a luz flua abundantemente,
A luz do dia do Evangelho,
Que brilha através da justiça
De Cristo, a Verdade, o Caminho;
Ela nos ensinará como pela fé nele
Ganhar almas imortais,
E então a abrir nossos corações dispostos,
E que a luz flua abundantemente,
Que a luz flua abundantemente,
Que a luz flua abundantemente,
E então a abrir nossos corações dispostos,
E que a luz flua abundantemente.

Ó, que a luz flua abundantemente
Onde os lares são escuros e sombrios
A luz do eterno amor de Deus
Que vence todo medo;
O seu sorriso gentil novas alegrias pode despertar
Onde a tristeza há muito esteve,
E então que se abra a porta da esperança,
E que a luz flua abundantemente,
Que a luz flua abundantemente,
Que a luz flua abundantemente,
E então que se abra a porta da esperança,
E que a luz flua abundantemente.

— Fanny Crosby

Parte 3

O plano

9

COMO POSSO SABER SE OUVI A VOZ DE DEUS?

Era ele ou a pizza da noite passada?

"Tenho ótimas notícias para você", ele me disse.
"O que é?", perguntei.
"Deus me disse que vou me casar com você."
"Bem", respondi. "Assim que ele me disser o mesmo, eu volto a falar com você".
— Uma conversa na Escola de Teologia de Londres, verão de 1977

O SENHOR chamou Samuel pela terceira vez. Ele se levantou, foi até Eli e disse: "Estou aqui; o senhor me chamou?" Então Eli percebeu que o SENHOR estava chamando o menino e lhe disse: "Vá e deite-se; se ele chamá-lo, diga: 'Fala, SENHOR, pois o teu servo está ouvindo.'" Então Samuel foi se deitar.
O SENHOR voltou a chamá-lo como nas outras vezes: "Samuel, Samuel!" Então Samuel disse: "Fala, pois o teu servo está ouvindo." (1Samuel 3:8-10)

Recentemente li um cartaz na frente de uma loja que dizia: "Vendemos tudo de que você precisa para dizer a quem você ama que se casaria com ela mais uma vez."

Pense nessa afirmação por um instante. A implicação é clara: presentes representam amor. Uma pessoa poderia muito bem supor que quanto mais você gasta, mais sincero é o seu sentimento. Mas, na verdade, esse não é o caso. O espírito comercial é um invasor sutil, ele esgueira-se sobre nós e pode parecer muito convincente, mas é um substituto fraco para a comunicação e o relacionamento.

Sou uma grande fã do seriado americano *The Office*. Um episódio específico ilustra meu ponto de vista sobre os dons. É Natal, e a equipe dessa companhia — que fabrica papel — com sede em Scranton decide brincar de amigo oculto. Cada um deles tira um nome de um chapéu e promete comprar um presente de mais ou menos vinte dólares para aquela pessoa. O chefe, Michael Scott (papel representado brilhantemente por Steve Carell) quer ostentar com o seu presente e compra um iPod que custa cerca de quatrocentos dólares. Quando chega a hora de abrir os presentes, Ryan, que recebe o iPod, fica constrangido e impactado. Quando Michael abre o seu, depara-se com uma luva térmica de cozinha. Detestando o presente, ele tem um ataque histérico e estraga o dia.

Michael tenta justificar o seu rompante de raiva dizendo que o presente que recebeu significava: "O que você vale para mim é o preço de uma luva de cozinha", enquanto o presente que ele deu dizia: "O que você vale para mim é o preço de um iPod!"

É claro que Michael não captou o sentido da troca de presentes. Ele não está sozinho: isso está ficando cada vez mais fácil de acontecer em nosso mundo atual, com o espírito do comércio tomando o lugar da gratidão sincera.

Deixe-me desenvolver um pouco essa ideia antes que você queira me bater. Veja o Dia das Mães, por exemplo. A que ele se refere? No meu entendimento, ele é dedicado a uma breve pausa a fim de refletir sobre a bondade de Deus por nos dar uma mãe para nos amar e cuidar de nós com graça e sabedoria, e depois expressar essa gratidão de volta a ela. Em vez disso, transformamos isso em mais um festival de gastos. Somos atacadas de todos os lados — televisão, lojas, rádio — sobre a necessidade de expressarmos o nosso amor materialmente. É difícil escapar. Ouvimos dizer que flores são essenciais para demonstrar que nos importamos. Ouvimos dizer que um cartão é necessário. Ouvimos dizer que a única maneira de dizer "Eu te amo" são os diamantes.

Bem, na verdade, eles não são. Diamantes não dizem "Eu te amo". *Pessoas* dizem "Eu te amo".

Obviamente, há momentos em que damos presentes para simbolizar o nosso afeto, mas isso nunca deveria tomar o lugar da expressão do nosso coração uns para com os outros. Quando Barry e eu nos casamos, ele me dava cartões muito caros feitos à mão, cobertos de joias ou renda, no meu aniversário, no Natal ou no Dia dos Namorados. Eles eram lindos e eu os apreciava, mas finalmente disse-lhe que o que eu gostaria ainda mais seria um cartão simples que registrasse o que ele sentia por mim.

O que estou querendo dizer é que estamos perdendo a arte de ouvir uns aos outros e de expressar com nossas palavras o conteúdo do nosso coração. Vivemos em uma sociedade sob um ritmo acelerado, na qual o dinheiro pode facilmente tomar o lugar do tempo. Isto se transmite para a nossa vida de oração. Se estivermos tão absorvidas no mundo material a ponto de não conseguirmos nos identificar com as pessoas aqui na Terra a nível pessoal e compartilhar o nosso ser interior com elas, como vamos nos relacionar com Deus? Que eu saiba, no céu não se faz entrega de flores!

O que é realmente triste acerca de tudo isso é que, em muitos casos, a nossa obsessão por amor material não apenas impede o nosso verdadeiro relacionamento com os outros, como também faz mal a eles. Na primavera de 2007, o noticiário da ABC transmitiu a história do que aconteceu com Jack Whittaker, que ganhou 315 milhões de dólares, o maior valor pago a um ganhador da loteria. O único desejo dele era mimar sua neta — de 17 anos — e por isso ele lhe dava dois mil dólares toda semana, além de ter comprado quatro carros para ela.

Mas o ABC News relatou em 6 de abril de 2007 que o sr. Whittaker desejou ter rasgado o bilhete e nunca ter ganhado na loteria. Por quê? Porque sua amada neta usou os presentes financeiros dele para se viciar em drogas. Depois de alguns anos indo em direção ao fundo do poço, ela foi encontrada morta, com o corpo envolvido em um tecido forte e impermeável atirado atrás de um carro velho.

O que Jack estava querendo fazer por sua neta? Nada além de dizer a ela que ele a amava, dando-lhe coisas da maneira que a nossa cultura pop dita. Tais "coisas" podem matar, como no caso dela realmente aconteceu.

Não há substituto para a oração

Assim como o dinheiro não pode me comprar amor, nada deve jamais tomar o lugar do meu próprio tempo pessoal com Deus, no qual eu como sua seguidora ouço a sua voz.

Amo ler bons livros cristãos. Gosto de frequentar eventos nos quais tenho a oportunidade de ouvir palestrantes contarem as suas experiências com Deus ou ensinar sobre uma passagem específica da Bíblia. É o que eu faço, e a melhor parte é que gosto disso! Mas não basta saber o que outra pessoa está aprendendo com Deus, por mais encorajador que isso possa ser. Preciso estar aprendendo e crescendo também.

Nós muitas vezes nos esquecemos disso. Ouvimos as pessoas nos dizerem que o caminho para Deus é mais claro por intermédio de alguém ou alguma coisa. Que se apenas lermos este livro, o autor nos dirá como alcançar a Deus. Que se enviarmos mais dinheiro para aquele ministério, alguém falará com Deus e receberá uma resposta em nosso favor.

Tolice! Deus fala com o seu povo por intermédio da sua Palavra, por meio do conselho de amigos tementes ao Senhor, e ao nosso próprio coração através do Espírito Santo.

Quando estava na casa dos vinte anos, eu vivia cercada de pessoas que pareciam ouvir Deus falar com uma frequência incrível. Quase todas as semanas, as pessoas contavam que Deus aparecia a elas e lhes dava instruções específicas. Esse tipo de experiência nunca tinha acontecido comigo, e eu ficava preocupada, achando que de alguma maneira estava perdendo algo de Deus, que todos os demais tinham ouvidos que funcionavam melhor do que os meus. Talvez eu estivesse destinada a ouvir de Deus em segunda mão.

E quanto a você? De quem você depende quando quer ouvir a Deus sobre um assunto específico ou para ter uma direção geral? Você senta-se e aguarda, esperando encontrar direção em um livro ou por intermédio de outra pessoa? Ou dedica tempo à oração? E não apenas à oração, mas também a ouvir e meditar na Palavra de Deus?

Sim, isso mesmo. Estou dizendo que a oração, às vezes, é apenas o começo da conversa. Outras vezes, precisamos de mais, e, infelizmente, nem sempre sabemos exatamente o que fazer. Muitas das disciplinas espirituais que costumavam ser praticadas pelos cristãos se perderam. Meditação, solidão e jejum são elementos que, em geral, faltam em nossas vidas. É preciso uma escolha deliberada para arranjar tempo em nossos horários superlotados para ouvir a voz de Deus. Talvez tenhamos vivido ocupadas por tanto tempo que nos esquecemos de como fazer isso, ou talvez nunca tenhamos aprendido a ouvi-lo dessa maneira. Jesus nos garantiu que quando olharmos para além de todos os livros e pregadores, e procurarmos ter comunhão com ele, conheceremos a sua voz:

> Eu sou o bom pastor; conheço as minhas ovelhas; e elas me conhecem; assim como o Pai me conhece e eu conheço o Pai; e dou a minha vida pelas ovelhas. Tenho outras ovelhas que não são deste aprisco. É necessário que eu as conduza também. Elas ouvirão a minha voz, e haverá um só rebanho e um só pastor. (João 10:14-16)

Não estou sugerindo que rejeitemos o conselho de Deus vindo daqueles que respeitamos e em quem confiamos. Uma das maneiras que ele fala conosco é por intermédio do conselho sábio de outros cristãos. Entretanto, ele ama a conversa individual. Eu gostaria que analisássemos as vidas de duas pessoas que espero que nos ajudem a ter um maior entendimento de como ouvir a voz de Deus. Uma delas pensou que nunca poderia comemorar o Dia das Mães, e a outra não reconheceu a voz de Deus quando a ouviu.

Ana — orando com perseverança

Amo a história de Ana. Essa preciosa serva do Senhor tinha um marido maravilhoso, Elcana, que a amava. Mas havia outra mulher no cenário — Penina, a outra esposa de Elcana. Penina deu filhos a Elcana, mas Ana era estéril, e isso partia o seu coração. Uma vez por ano a família fazia a viagem até o tabernáculo em Siló para adorar a Deus e oferecer sacrifícios pela sua bondade para com eles. Os filhos eram reconhecidos como uma bênção de Deus, e a cada ano Penina tornava a viagem um pesadelo para Ana, ridicularizando-a pelo fato de ela não ter filhos.

Elcana ficava desnorteado por ver Ana tão angustiada. Ele a amava muito e perguntava a ela se o seu amor não bastava. Ana amava o marido, mas ela queria desesperadamente um filho.

Durante uma viagem ao tabernáculo, Ana afastou-se sozinha para orar. Ela estava tão perturbada e ferida pela tristeza enquanto orava que o sacerdote Eli pensou que ela estivesse embriagada. Ela lhe disse que não era esse tipo de mulher, mas que estava em verdadeira angústia de alma, pedindo a Deus por um filho.

Naqueles dias, antes do nascimento de Cristo, o sacerdote era a conexão direta com Deus. Quando Eli disse a ela para ir em paz, pois o Senhor concederia o seu pedido, Ana recebeu a resposta de Eli como se ela tivesse vindo de Deus.

Há momentos em que oramos por alguma coisa por muito tempo e depois, assim como Ana ouviu o sacerdote e soube que a resposta vinha de Deus, nós também recebemos uma certeza interior de que Deus ouviu a nossa oração e que é o momento de parar de chorar e de começar a agradecer a ele pela resposta. A Bíblia nos diz:

> Não se aflijam nem se preocupem. Em vez de se preocupar, orem. Permitam que as súplicas e os louvores transformem seus receios em orações, permitindo que Deus os conheça. Antes que vocês percebam, a compreensão da integridade de Deus, que só contribui para o bem, virá e os acalmará. É maravilhoso o que acontece quando Cristo retira a preocupação do centro da vida humana. (Filipenses 4:6-7, MSG)

Ana ansiava ouvir a Deus, e quando teve a certeza de que Deus ouviu o seu pedido e atenderia à sua oração, tudo mudou. Ela voltou a se alimentar, e o semblante se iluminou. Quase que imediatamente, ao voltar para casa, Ana ficou grávida. Ela chamou seu filho de Samuel, que significa "Presente de Deus", porque Deus enviou Samuel para ela.

Na viagem seguinte da família ao templo, Ana não foi. Ela perguntou a Elcana se poderia levar Samuel e devolvê-lo para servir a Deus no templo quando ele estivesse desmamado (geralmente aos quatro anos de idade). Elcana honrou o pedido dela.

Não sabemos o que aconteceu nesses quatro anos, mas quando vemos o jovem que Samuel se tornou, fica claro que ele aprendeu muito acerca de Deus com sua mãe fiel. Honrando sua promessa a Deus, Ana levou o jovem Samuel de volta ao templo, onde ele foi treinado por Eli para servir a Deus. Não consigo imaginar como deve ter sido para ela levar o seu filho de três ou quatro anos e deixá-lo, mas Ana obviamente tinha um relacionamento sólido com Deus e plena confiança de que estava fazendo o certo e de que Deus cuidaria de Samuel. Ela fez uma das mais lindas orações já registradas na Bíblia ao adorar o seu Senhor antes de voltar para casa.

> Estou andando nas nuvens. Estou rindo dos meus rivais. Estou dançando minha salvação. Não há santo como o Eterno, nenhum rochedo como Deus. Não falem com arrogância — não saiam de sua boca palavras de orgulho!
>
> Pois o Eterno conhece todas as coisas. Ele mede tudo que acontece. As armas dos fortes são esmigalhadas, mas os fracos são revigorados. Os mais abastados agora mendigam o pão nas ruas, mas os famintos têm comida em dobro. A mulher estéril está com a casa cheia de filhos, mas a mãe de muitos ficou sem eles.
>
> O Eterno traz a morte e o Eterno traz a vida, faz descer à cova e faz ressurgir. O Eterno faz empobrecer e envia riquezas; ele rebaixa e exalta. Ele põe o pobre de pé outra vez; anima os esgotados com nova esperança, restaura na vida deles a dignidade e o respeito; faz que tenham um lugar ao sol! (1Samuel 2:1-8, MSG)

Podemos aprender muitas lições com o modo de ser de Ana. Ela era paciente e perseverante em sua vida de oração. Ela continuava se apresentando diante de Deus com o seu pedido, e mesmo nos seus momentos de desespero, compartilhava a sua dor com Deus. Ana nunca parou de pedir ou de procurar ouvir. Quando Deus respondeu à sua oração favoravelmente, ela reconheceu de onde vinha a resposta e devolveu a ele. (Em uma bela nota de acréscimo à vida de Ana, depois que ela entregou Samuel ao Senhor, deu à luz a mais três meninos e duas meninas!)

Quando você estiver ansiando por ouvir Deus, dedique tempo distante do barulho da vida e pratique a disciplina de esperar em silêncio na sua presença. Assim como você anseia ouvi-lo, você tem um Pai que anseia por falar com os seus filhos.

Samuel — ouvindo a voz de Deus

Samuel tornou-se uma espécie de sacerdote júnior, e todo ano sua mãe voltava ao templo com novas vestes de linho para ele. Não sabemos muito sobre o trabalho de Samuel no início, apenas que seu corpo e sua imagem diante de Deus e dos homens cresciam. É um tremendo elogio ser favorecido por Deus e respeitado pelos homens também. Tal honra era rara naqueles dias, quando Israel estava com problemas de ordem espiritual e política. Samuel havia sido escolhido por Deus para exercer impacto sobre a história de Israel em um momento muito difícil. Eli era um sacerdote bem-intencionado, mas seus filhos estavam fora de controle e abusavam do papel deles como sacerdotes para conseguir o que queriam do povo a quem deveriam servir.

Samuel amava Eli, mas até então não tinha um relacionamento pessoal com Deus. Uma noite, algumas horas antes do amanhecer, o jovem Samuel ouviu alguém chamar o seu nome. Como ele e Eli dormiam no templo, ele supôs que fosse o homem idoso quem o chamava. O sacerdote lhe disse que não havia sido ele e que o menino voltasse a dormir. Isso aconteceu uma segunda vez e depois uma terceira. Então Eli percebeu que Deus estava chamando Samuel. Creio que foram necessárias três vezes para que Eli percebesse o que estava acontecendo, porque lemos que isso ocorreu e "...naqueles dias raramente o Senhor falava, e as visões não eram frequentes" (1Samuel 3:1).

Eli disse a Samuel que se caso ouvisse a voz novamente, deveria responder: "Fala, pois o teu servo está ouvindo." Samuel voltou para a cama e ao ouvir a voz chamar o seu nome outra vez, respondeu: "Fala. Sou o teu servo, pronto para ouvir." Samuel não se dirigiu a ele como Deus porque não o conhecia como tal, ainda. Entretanto, Samuel tornou-se um dos profetas mais poderosos de toda a história de Israel, e foi reconhecido amplamente que Deus estava falando por intermédio desse jovem sacerdote.

De muitas formas, vivemos em uma época como a de Samuel. Basta você ver as notícias na televisão ou ler um jornal para ficar ciente do mal desenfreado em nosso mundo. Ouvimos histórias de pessoas que são chamadas para serem servos do povo de Deus assim como os filhos de Eli eram, e depois elas são presas por apropriação indébita de fundos ou por fraude. Talvez você esteja desanimada por causa do tempo em que vive e se pergunte como pode ouvir a voz de Deus em meio a todo o mal deste mundo. Anime-se com a vida de Samuel. Deus procura por aqueles que ainda têm o coração aberto para ele e os ouvidos atentos para a sua voz.

Você reconhece momentos como esse em sua vida? Talvez você tenha sentido um apelo para fazer algo, para ir a algum lugar ou para parar em algum lugar para tomar um café onde você não pararia normalmente, e fazendo uma retrospectiva você pode ver a mão de Deus conduzindo-o. Poderia haver alguém ali que simplesmente precisava de uma palavra de encorajamento ou talvez você tenha visto um livro que responde a alguma coisa que estava perguntando a Deus.

Temos um Pai que ama falar com seus filhos, portanto procure ouvir a sua voz mansa e suave.

Dias diferentes

Não vivemos nos dias de Samuel ou de Moisés — os dias em que Deus falava somente por intermédio de profetas ou de reis. Vivemos em um tempo em que ele fala a cada um de seus filhos pela sua Palavra, através do Espírito Santo e por meio de conselhos sábios. Sempre que estou na posição de querer ouvir a voz de Deus antes de me mover em uma direção ou outra, faço diversas perguntas a mim mesma:

- *Alguma coisa nesta situação vai contra a Palavra de Deus revelada?* Uma jovem me disse que deveria deixar seu marido porque estava apaixonada por outra pessoa. Mas quando uma reação emocional como essa é levantada diante do fio de prumo da Palavra de Deus, vemos que ela está desalinhada com as Escrituras.
- *Sinto uma grande urgência e uma pressão para fazer algo imediatamente?* Quando sinto uma compulsão de agir rapidamente, espero. Deus é um Deus de ordem e paz.
- *Aqueles a quem respeito e em quem confio sentem a presença de Deus nesta situação também?* Haverá momentos em que o Senhor nos pedirá para irmos além do que os outros entendem, mas a minha experiência tem sido a de que tais situações são raras. Quando Deus faz isso, creio que haverá um dom de paz e graça incomuns.

Se pudermos seguir essas três diretrizes, nossas vidas serão muito mais simples e mais realizadas.

Deus é um Deus de paz, e quando você se sente agitado acerca de uma decisão ou distante das outras pessoas por estar compelido a tomar uma atitude que aqueles a quem você ama e em quem confia questionam, geralmente é sábio esperar. Ana teve de esperar por muito tempo por um filho, mas nunca perdeu a esperança. Levou tempo para Samuel aprender a reconhecer a voz de Deus, mas quando isso aconteceu, ele nunca a negligenciou e as pessoas que o cercavam reconheceram que Deus falava com ele. O Senhor ama falar com seus filhos, portanto peça ouvidos para ouvi-lo e um coração para conhecer a sua voz.

Senhor, fala! Teu servo ouve,
Esperando pela tua graciosa palavra,
Ansiando pela tua voz que encoraja;
Senhor! Que ela agora seja ouvida.
Estou procurando te ouvir, Senhor:
O que tens a me dizer?

Fala-me pelo nome, ó Senhor,
Faz-me saber que é comigo;
Fala, para que eu possa seguir mais depressa,
Com um passo mais firme e livre,
Onde o Pastor guia o rebanho,
À sombra da rocha.

Senhor, fala! E faze-me pronto,
Quando a tua voz for realmente ouvida,
Com obediência satisfeita e firme,
Ainda para seguir cada palavra.
Estou procurando te ouvir, Senhor:
Fala, Senhor! Ó fala comigo!

— Frances R. Havergal

10

POSSO PEDIR QUALQUER COISA A DEUS SE EU TIVER FÉ SUFICIENTE?

Querido Deus, podes tornar-me mais alta?

O Filho de Deus está orando em mim, ou eu estou ditando para ele?... A oração não é simplesmente conseguir coisas de Deus, essa é uma forma muito inicial de oração; oração é entrar em perfeita comunhão com Deus. Se o Filho de Deus é formado em nós pela regeneração, ele avançará na frente do nosso bom senso e mudará a nossa atitude para com as coisas pelas quais oramos.
— Oswald Chambers

Digo-lhes a verdade: Aquele que crê em mim fará também as obras que tenho realizado. Fará coisas ainda maiores do que estas, porque eu estou indo para o Pai. E eu farei o que vocês pedirem em meu nome, para que o Pai seja glorificado no Filho. O que vocês pedirem em meu nome, eu farei. (João 14:12-14)

Aos 16 anos, ficou claro para mim que eu estava estacionada em 1,62m de altura. Eu queria ser mais alta, então decidi fazer disso um motivo de oração. Para mim, fazia total sentido pedir a Deus para consertar o meu "déficit" de altura, afinal, se ele me fez, poderia me esticar mais um pouco.

Fiz uma oração muito fervorosa por algumas noites, sem êxito algum. Talvez estivesse fazendo algo errado, pois o bloqueio na tubulação da oração devia ser da minha parte, e quanto mais eu pensava no assunto, mais claro ficava: eu estava sendo egoísta, pedindo algo sem dar nada em troca. Então procurei fazer uma espécie de "acordo" com Deus: caso eu acordasse na manhã seguinte cinco centímetros mais alta, eu seria uma missionária. Era razoável que uma pessoa ficasse grata por ser alta no ambiente missionário, raciocinei, uma vez que ali não se pode usar saltos altos. Quando fui dormir naquela noite, eu tinha absoluta certeza de que acordaria mais alta e seria obrigada a começar a fazer as malas.

Não sei se Deus quis poupar a África ou quis me poupar, mas minha altura permaneceu a mesma. Fiquei verdadeiramente decepcionada e concluí que havia sido a minha falta de fé. Estava claro para mim, com base na Bíblia, que, se você pedir a Deus qualquer coisa e a sua fé não vacilar, ele atenderá. Parecia uma fórmula tão irrefutável!

> Peça-a, porém, com fé, sem duvidar, pois aquele que duvida é semelhante à onda do mar, levada e agitada pelo vento. Não pense tal homem que receberá coisa alguma do Senhor; é alguém que tem mente dividida e é instável em tudo o que faz. (Tiago 1:6-8)

Essa passagem bíblica serviu para confirmar na minha mente que eu devo ter vacilado na minha fé e, portanto, Deus esperaria até que ela fosse resoluta e inabalável.

Eu vivia um dilema: se a Palavra de Deus diz que podemos pedir qualquer coisa em seu nome, então obviamente o ônus de orar com uma fé inabalável é nosso. Onde conseguir esse tipo de fé? Eu estava convencida de que se Deus atendesse apenas a uma de minhas orações muito específicas, então a minha fé aumentaria (permitindo, portanto, que eu pedisse coisas ainda maiores).

Causa e efeito, sabe?

Contudo, já que Deus não atendeu às minhas orações, eu nunca tive essa chance de provar a minha fé, e imagino que isso a tenha feito vacilar ainda mais (por isso, tive ainda menos respostas para a oração do que eu teria antes).

Aquele velha coisa de causa e efeito outra vez.

Era uma charada interessante. E, à medida que os anos se passaram, ficou claro que essa era uma questão com a qual muitos cristãos se confrontavam e sobre a qual chegaram a diversas conclusões.

Quando eu estava com vinte e poucos anos, tive o privilégio de trabalhar com o superstar pop britânico Cliff Richard. Embora ele nunca tenha realmente feito um sucesso estrondoso nos Estados Unidos, é uma grande celebridade no restante do mundo. Ele detém o recorde de ser o único artista a estar na parada musical de sucessos do Reino Unido por toda a sua carreira — desde 1950 até hoje. E ele é o primeiro popstar britânico a ganhar da rainha Elizabeth um título de nobreza, antes de sir Paul McCartney e de sir Elton John.

Ele também é um seguidor comprometido de Jesus Cristo. Uma vez por ano, Cliff faz uma turnê para levantar fundos destinados a associação cristã beneficente Tear Fund, e por muitos anos eu fazia o show de abertura de Cliff em sua turnê. Talvez isso faça parecer que eu fui escolhida entre um grande grupo de artistas cristãos, como temos atualmente nos Estados Unidos, mas não foi bem assim. Na época havia cerca de quatro de nós e os outros três estavam ocupados! Foi uma enorme honra para mim (e por acaso a única vez que andei em um Rolls-Royce — uau!).

Fiquei conhecendo muitos dos leais fãs de Cliff a fundo, mas há um cuja história não esqueci. Era uma mulher solteira muito doce, de semblante tímido. Não usava maquiagem e se vestia como se frequentasse uma igreja muito conservadora e não assistisse a um show de música pop. Todas as noites muitos fãs ficavam por muito tempo na porta do palco esperando conseguir o autógrafo de Cliff, e ela geralmente estava na multidão, acompanhando o show de cidade em cidade.

Uma noite, perguntei-lhe por que ela frequentava tantos shows, e ela me disse que se casaria com Cliff. Ela deve ter visto a minha expressão de surpresa, porque me disse que apesar de parecer um salto e tanto, ela era cristã e havia pedido em nome de Jesus, sem hesitação.

Eu sabia que era *possível* que Cliff se casasse com ela, mas muito improvável; eu havia visto Cliff autografar um CD ou uma foto para ela, e embora ele fosse gentil, como era com todos os seus fãs, não foi além disso. Parecia-me que ela havia substituído a fé pelo pensamento positivo.

Em situações como essa, é fácil escorregar para uma mentalidade de criança mimada, como se Deus nos "devesse" e tudo que temos a fazer é querer tanto algo até que aconteça. Mateus 6:33 observa que somos chamados para crescer e amadurecer na nossa fé e na nossa vida de oração e para buscarmos o Reino de Deus e a sua justiça em primeiro lugar, mas é fácil pular a primeira parte do versículo ("Busquem, pois, em primeiro lugar o Reino de Deus e a sua justiça") e ir direto para "e todas essas coisas lhes serão acrescentadas".

Em minha própria vida, sei que quanto mais busco deliberadamente o Reino de Deus e o seu coração, mais meus desejos mudam. Aquela mulher não estava permitindo que Deus trabalhasse nela e renovasse a sua vida. Enquanto eu pensava nos anos que se passavam e nela agarrando-se à sua convicção com relação a Cliff, meu coração doía. Perguntava-me quantos sujeitos cristãos de valor ela havia conhecido, nos quais nunca havia prestado atenção por pensar estar firmada nas promessas de Deus. Eu me perguntava, também, se a sua fé continuava forte ou se ela estava começando a vacilar, à medida que cada show passava sem qualquer reconhecimento da parte de Cliff.

E, o que é mais importante, eu me perguntava se era isso que Deus queria que ela fizesse.

Um amigo meu, o dr. Henry Cloud, certa vez me contou sobre uma mulher que ligou para o seu programa de rádio um dia dizendo que sua fé era tanta que Deus levaria o homem certo até sua porta sem que ela precisasse sair de casa. O dr. Cloud disse-lhe que, se ela não quisesse se casar com o carteiro ou com uma testemunha de Jeová, teria de reconsiderar sua ideia.

É um fato triste, mas verdadeiro. Conversei com muitas mulheres que na essência deixaram suas vidas em suspenso esperando que Deus aparecesse com a resposta que elas estão esperando escoradas na sua fé. Penso em uma mulher a respeito da qual ouvi. Seu marido a abandonou, deixando-a só para criar seus filhos. Ela acreditava absolutamente que devia confiar em Deus e não no sistema legal para ajudá-la. Sua fé se pautava em acreditar que quando seu marido lhe pedisse para transferir todos os bens deles para o nome dele, ela deveria fazê-lo. Em seu coração ela acreditava que se orasse o suficiente e se recusasse a procurar qualquer pessoa para ter ajuda além do seu Pai celestial, então ele honraria as suas orações fiéis e seu marido voltaria para casa.

Infelizmente, ele não voltou, e ela ficou com muitas dificuldades. Aquela mulher não era uma cristã imatura, mas uma mulher que tem amado e seguido a Deus há muitos anos. Ela não queria nada além de mostrar ao Pai que por pior que as circunstâncias parecessem, ela acreditava na sua capacidade de mover montanhas.

Tenho visto esse tipo de situação seguidas vezes, seja uma oração por um ente querido, um pedido por um cônjuge, o presente de um filho, ou mesmo que Deus abrisse o caminho para um ministério público. O que deu errado nessas situações? Para mim, essas pessoas pareciam comprometidas, e acredito que as orações delas eram infinitamente mais importantes que o meu desejo de ter mais cinco centímetros de altura. Por que, então, as orações delas ficaram sem resposta?

A chave que faltava

Eu estava andando em uma loja de departamentos no shopping um dia quando ouvi alguém chamar o meu nome. Olhei para cima, mas não reconheci a mulher que estava me chamando para ir até o seu balcão de maquiagem. Por um instante, pensei que poderia ser uma daquelas ofertas de maquiagem grátis que acabam lhe custando um braço e uma perna e que a mandam para casa parecendo a prima da Barbie, mas eu estava errada. Em vez disso, depois de explicar que ela havia lido alguns dos meus livros e me ouvido falar, ela fez uma pergunta:

— Como posso encontrar a chave que está faltando? Tenho orado sem cessar, mas nada acontece.

— Tenho certeza de que sei o que você quer dizer — respondi. — Qual é a chave que está faltando? Pelo que exatamente você está orando?

— Pela porta. Estou orando pela chave da porta... quero dizer, sei que devo estar no ministério, mas não sei onde está a chave — explicou ela.

— O que a faz pensar que há uma chave? — perguntei.

— Tem de haver. Estar no ministério é um desejo do meu coração, mas pedi a Deus que abrisse a porta e nada aconteceu. Talvez esteja deixando passar alguma coisa, alguma chave, alguma oração. Tentei tudo e nada aconteceu, então estou simplesmente esperando.

Disse-lhe crer que onde quer que estejamos na vida, somos ministros do evangelho. Quer você esteja empacotando compras ou dirigindo um estudo bíblico, quando você vê tudo na vida como sagrado e como uma oferta a Deus, isto é ministério. Mas eu pude perceber que essa não era a resposta que ela queria, e sim algo mais específico que atendesse às suas necessidades imediatamente.

Esse é um clamor comum. Não apenas de nossa parte, mas ao longo das eras. Ele é ouvido na Bíblia vez após vez:

- "Até quando, SENHOR? Para sempre te esquecerás de mim? Até quando esconderás de mim o teu rosto?" (Salmos 13:1).
- "Apressa-te em responder-me, SENHOR! O meu espírito se abate. Não escondas de mim o teu rosto, ou serei como os que descem à cova" (Salmos 143:7).
- "Escuta a minha oração, ó Deus, não ignores a minha súplica; ouve-me e responde-me! Os meus pensamentos me perturbam, e estou atordoado" (Salmos 55:1-2).
- "Até quando, SENHOR, clamarei por socorro, sem que tu ouças? Até quando gritarei a ti: 'Violência!' sem que tragas salvação?" (Habacuque 1:2).

Comemoro o fato de que Deus nos aceita com toda a nossa humanidade. Temos permissão para fazer perguntas, para ficar tristes quando não temos as respostas pelas quais ansiamos ou para sofrer pelas perdas independentemente do quanto elas possam parecer insignificantes aos olhos dos outros. No entanto, quando penso nos pedidos que fiz a Deus ao longo dos anos e nas histórias que ouvi de outras pessoas, vejo um grande problema: quando pegamos o que queremos e tentamos torcer o braço de Deus para que ele nos responda, passamos de adoradores a filhos mimados. Passamos de servo a senhor. Tanto o meu desejo de ser mais alta, quanto o da fã de casar-se com Cliff ou o da funcionária da loja de departamentos de ter um ministério se resumem em um só: *Eis o que quero, Pai. Estou pedindo em nome de Jesus, portanto tu tens de me dar isto.*

Esse não foi o coração que Jesus demonstrou enquanto andou por aqui enquanto ser humano. Quando Jesus orou no Jardim do Getsêmani, o padrão que ele deixou para nós como modelo, em agonia e lágrimas, foi este:

- *Total sinceridade e vulnerabilidade.* "Indo um pouco mais adiante, prostrou-se com o rosto em terra e orou: 'Meu Pai, se for possível, afasta de mim este cálice'" (Mateus 26:39a).
- *Rendição total ao plano de Deus.* "'...contudo, não seja como eu quero, mas sim como tu queres'" (Mateus 26:39b).

Jesus viveu cada momento de sua vida com a consciência do que importava. Ele sabia que o propósito da vida com a qual fomos presenteados é dar honra e glória a Deus, e não torná-la fácil ou confortável para nós. O seu primeiro clamor ilustra o quanto é difícil, às vezes, abraçar a vontade de Deus. No entanto, o seu segundo clamor se rende e abraça tudo que pode dar glória a seu Pai.

Quero viver isso também!

A verdadeira chave

Ao ler a promessa de Jesus aos seus amigos, registrada no início deste capítulo, duas expressões curtas, mas vitais, saltaram aos meus olhos: "Eu farei o que vocês pedirem *em meu nome, para que o Pai seja glorificado* no Filho" (João 14:13; grifos da autora).

Se puder, imagine por um instante que antes de Jesus deixar esta terra ele comissionou você para representá-lo (o que ele realmente fez!). Portanto, quando você vem ao Pai com os seus pedidos de oração, você está representando Jesus, e está vindo com a autoridade dele. Acredito que, se tivermos essa consciência, isso afetará a maneira como oramos e o que pedimos. Se eu pegar esse paradigma e aplicá-lo à minha situação como adolescente, seria difícil imaginar orar: "Deus Pai, estou aqui em nome de Jesus a serviço do Reino. Obrigada por enviar Jesus para ser executado em meu lugar e para me dar uma nova vida. Agora, estou aqui hoje para pedir que eu seja cinco centímetros mais alta amanhã de manhã."

Essa dificilmente parece uma oração confiável de um representante da missão de Cristo na terra. Como o fato de ser cinco centímetros mais alta poderia glorificar o nome de Deus de alguma maneira? Esse tipo de oração reflete uma perspectiva terrena do que importa, além de ser uma medida temporária. Esse corpo terreno que temos é simplesmente um receptáculo da glória de Deus.

E quanto à mulher que queria se casar com o astro da música pop? Não haveria nada de intrinsecamente errado em orar por isso, mas o foco poderia mudar se ela vivesse com uma consciência profunda de ser embaixadora de Cristo na terra. O foco poderia passar a ser: "Pai, se o fato de nós dois nos casarmos trouxer glória a ti e fizer avançar o teu Reino, então eu me disponho para isso e tu sabes que eu amaria se isso fosse possível. Se não, aceito a tua vontade."

Mas e quanto à minha amiga que acreditava que Deus restauraria o seu casamento? Essa é uma situação muito mais complicada. Pareceria que sempre é a vontade de Deus restaurar uma família, mas dentro de cada casamento existem dois corações e duas vontades. O livre-arbítrio é um dom fantástico que Deus concede a todo coração humano. Ele poderia ter nos programado para amá-lo e obedecer-lhe, mas não o fez; em vez disso, permite que escolhamos o nosso caminho. Infelizmente, com as tentações e as provações deste mundo, isso traz a possibilidade do fracasso quando nos esquecemos de fazer com que a nossa vontade se alinhe com a de Deus. Portanto, assim como minha amiga, podemos pedir a Deus algo de acordo com a sua vontade, mas não podemos fazer com que a outra pessoa envolvida na situação reaja da mesma maneira.

Então voltamos à minha pergunta original: podemos pedir a Deus qualquer coisa se a nossa fé for forte o bastante? Bem, sim. Mas essa é realmente a pergunta certa? Não se trata tanto do nosso nível de fé, mas de *onde* colocamos a nossa fé. Estamos pedindo as coisas certas? Estamos buscando a vontade de Deus naquela situação? Ficaremos satisfeitos com a sua resposta se as coisas não saírem da maneira que queríamos?

Espero que sim. Nem sempre é fácil, mas, como eu disse, temos um guia. Quando se observa a vida de Cristo, você percebe que com frequência ele se afastava da multidão para estar a sós com o seu Pai. Ele vivia cada momento do seu tempo na terra como um representante do coração de Deus. Olhar para isso e ansiar por ser como Jesus está mudando a minha maneira de orar — e espero que mude a sua. Creio que somos encorajados a derramar os nossos corações e nossos desejos diante de Deus, mas o clamor do coração de Cristo que anseio que seja diariamente o clamor do meu próprio coração é: "Mas, por favor, não o que eu quero. Tu, o que tu queres?"

Firme nas promessas do meu Salvador,
Cantarei louvores ao meu Criador,
Sempre permaneço pelo seu amor,
Firme nas promessas de Jesus.

Firme, firme,
Firme nas promessas de Jesus, meu Mestre,
Firme, firme,
Sim, firme nas promessas de Jesus.

Firme nas promessas que não vão falhar
Venço as tempestades do revolto mar,
Todo medo e todo mal vou derrotar
Firme nas promessas de Jesus.

Firme nas promessas de Jesus, Senhor,
Sou agradecido pelo seu favor,
Pelo seu Espírito sou vencedor,
Firme nas promessas de Jesus.

— R. Kelso Carter
(Harpa Cristã, 107, "Firme nas promessas")

11

POSSO QUESTIONAR DEUS?

Tem alguém aí?

Mas, alguns poderiam dizer, onde estava o anjo da guarda de Tess? Talvez, como aquele outro deus de quem o irônico tesbita falou, ele estivesse conversando, ou estivesse seguindo alguém, ou estivesse viajando, ou estivesse dormindo, e não devesse ser despertado.
— Extraído de *Tess D'Urbervilles*, de Thomas Hardy

Os discípulos de João contaram-lhe todas essas coisas. Chamando dois deles, enviou-os ao Senhor para perguntarem: "És tu aquele que haveria de vir ou devemos esperar algum outro?" Dirigindo-se a Jesus, aqueles homens disseram: "João Batista nos enviou para te perguntarmos: 'És tu aquele que haveria de vir ou devemos esperar algum outro?'" Naquele momento Jesus curou muitos que tinham males, doenças graves e espíritos malignos, e concedeu visão a muitos que eram cegos. Então ele respondeu aos mensageiros: "Voltem e anunciem a João o que vocês viram e ouviram: os cegos veem, os aleijados andam, os leprosos são purificados, os surdos ouvem, os mortos são ressuscitados e as boas novas são pregadas aos pobres; e feliz é aquele que não se escandaliza por minha causa." (Lucas 7:18-23)

Alguma vez você se perguntou por quê? Não apenas nas grandes questões da vida, mas também nas coisas pequenas — as coisas do dia a dia que podem ser muito simples, porém não menos frustrantes. Pergunto-me diariamente, por exemplo: "Por que não consigo me lembrar de tomar minhas vitaminas?" (Quero dizer, qual é a dificuldade de se lembrar disso?) ou "Por que vinte minutos depois que começo uma dieta, outra dieta diferente parece mais atraente e eficaz?" (Mesmo que seja a que eu estava fazendo quando esta parecia melhor?)

Certa manhã, eu estava olhando para mim mesma no espelho do banheiro, fazendo-me uma destas perguntas: "Por que estou tão pálida?" Nunca percebi que minha pele era assim quando morava no Tennessee, mas desde que me mudei para o Texas, a diferença entre o meu tom de pele e o das outras mães que pegam o ônibus para a escola é gritante. Elas parecem ter acabado de descer do cavalo depois de um galope revigorante, e eu pareço ter descido de um trenó depois de uma corrida de cães.

Devo ter feito a pergunta em voz alta porque alguns dias depois, Barry me deu um cartão. Na parte da frente dizia "Que todos os seus sonhos se realizem". Dentro havia um cartão de presente dando direito a uma sessão em um lugar chamado Planet Tan (uma clínica de bronzeamento).

Olhei o cartão por um instante antes de sentir o impulso de dizer:

— Barry, isto é muito gentil da sua parte, mas não vou entrar em outra cama de bronzeamento enquanto eu viver. Tentei isso uma vez, e foi como ser colocada para descansar em um caixão com luzes muito fortes!

— Não, este é diferente — insistiu ele. — Este é um tipo de bronzeamento feito com spray!

Ele parecia empolgado de um jeito que não era comum.

— Barry, Barry, Barry — respondi. — Se você acha que vou vestir uma roupa de banho e permitir que alguém do bronzeamento de aluguel passe uma mangueira pelo meu corpo, você está redondamente enganado!

— Não, não é assim — disse ele. — Você tem a sua própria cabine particular. Eu paguei por ela, então você acha que poderia experimentar apenas uma vez?

— Está certo... uma vez — cedi. — Mas se ficar parecendo que eu nasci em Bombaim, você vai ter de explicar isso para a minha mãe!

Mais tarde, naquele dia, entrei no estabelecimento e fui cumprimentada por algumas "pessoas douradas". Ergui a mão fazendo o gesto Vulcano: "Saudações, Povo Dourado. Venho em paz."

Uma garota levou-me à minha cabine. Ela parecia uma cápsula espacial.

— Tudo bem — começou ela. — Tire as roupas e...

— Opa, espere aí — disse. — Tudo? Sou uma cristã batista!

— Você pode usar isto — disse ela.

Olhei para o que ela me mostrava. Era um pequeno adesivo de papel em forma de coração, que não media mais do que dois centímetros e meio.

— Isto deveria cobrir o quê? — perguntei. — E você tem maiores?

Ela riu como se achasse que eu estivesse querendo ser engraçada.

— Você coloca isso no braço. Depois, quando você o retirar, poderá ver o quanto está bronzeada!

Ela disse que a porta da câmara era automática e que ao me aproximar ela abriria, e assim que estivesse ali dentro com os pés nas duas placas de metal, ela se fecharia. Então ela me deixou sozinha com o meu destino.

Depois da 15ª vez tentando ter certeza de que a porta da cabine estava trancada, despi-me e aproximei-me da cápsula. Nada aconteceu. Tentei me aproximar dela por diversos ângulos. Nada.

Exasperada, decidi desistir, mas no instante em que me abaixei para pegar meu jeans, a porta abriu. Então entrei para me esconder. Sentindo-me como o Capitão Kirk ("Preparar teletransporte, Scotty!"), fiquei com os pés nas duas placas e esperei que algo acontecesse.

De repente, uma voz robótica começou a contagem regressiva: "Cinco-quatro-três-dois-um!"

Se você nunca teve a experiência de se bronzear com spray, é difícil explicar como é receber um jato de solução de bronzeamento. Basta dizer que embora a pessoa fique chocada com o jato inicial, seria melhor não abrir a boca e gritar. Sei disso... agora!

Depois de ter sido totalmente ensopada, o ataque frontal parou e a mesma voz robótica me encorajou a virar-me para que eu pudesse ser besuntada adequadamente. Finalmente, a experiência difícil terminou. Quando saltei para fora da minha câmara, pingando com uma substância marrom e pegajosa, vi o cartão de Barry sobre a minha cadeira. *Que todos os seus sonhos se realizem*. Tudo que pude pensar foi que não era exatamente isto que eu tinha em mente!

Você já passou por isso? Não falo da câmara de bronzeamento (que, na verdade, fez um trabalho muito bom). Quero dizer, você já passou por uma situação na qual se perguntou por quê? Deixando as brincadeiras de lado, sei que eu já passei por isso e conheço outros que também passaram. Não é motivo de riso. Ao contrário, a decepção muitas vezes pode levar à depressão e à desilusão.

Ela fez até João Batista questionar toda a sua vida...

És tu aquele?

Jesus chamou João de o último e maior de todos os profetas. Essa é uma afirmação impressionante. No entanto, há muitas coisas notáveis sobre o nascimento e a vida de João. Tudo começou quando o anjo Gabriel apareceu ao sacerdote Zacarias e à sua mulher, Isabel, e lhes disse que, embora eles fossem velhos e Isabel incapaz de ter filhos, eles teriam um bebê.

> O anjo lhe disse: "Não tenha medo, Zacarias; sua oração foi ouvida. Isabel, sua mulher, lhe dará um filho, e você lhe dará o nome de João.
>
> Ele será motivo de prazer e de alegria para você, e muitos se alegrarão por causa do nascimento dele, pois será grande aos olhos do Senhor. Ele nunca tomará vinho nem bebida fermentada, e será cheio do Espírito Santo desde antes do seu nascimento. Fará retornar muitos dentre o povo de Israel ao Senhor, o seu Deus. E irá adiante do Senhor, no espírito e no poder de Elias, para fazer voltar o coração dos pais a seus filhos e os desobedientes à sabedoria dos justos, para deixar um povo preparado para o Senhor." (Lucas 1:13-17)

A menção ao profeta Elias teria um significado tremendo para Zacarias. O profeta Malaquias havia previsto que Elias voltaria antes do prometido de Deus: "Vejam, eu enviarei a vocês o profeta Elias antes do grande e terrível dia do SENHOR" (Malaquias 4:5). Essas foram as palavras de encerramento registradas no Antigo Testamento antes de um longo período de aproximadamente quatrocentos anos de silêncio.

Então Deus começou a falar novamente. Tudo iria mudar.

Desde o momento em que João saiu do ventre de sua mãe, ele foi cheio do Espírito Santo. Viveu uma vida reclusa no deserto e passou o seu tempo se preparando para a sua missão divina: o momento em que veria o Espírito de Deus descer como uma pomba sobre o Messias. Ele não tinha conhecimento de quem era o Messias prometido até ver o Espírito de Deus descer e ouvir uma voz do céu anunciando que Jesus era realmente o Filho amado de Deus.

João deve ter ficado surpreso. Ele e Jesus eram parentes — primos em segundo grau. O sinal, porém, era claro, e assim ele anunciou: "Vejam! É o Cordeiro de Deus, que tira o pecado do mundo!" (João 1:29).

O ministério de Jesus começou a emplacar, e as multidões o seguiam. Imagino que parte do motivo para essa migração foi que a sua mensagem e o seu estilo eram muito diferentes dos de João. João era direto e confrontador, ele não estava pretendendo ganhar prêmios de popularidade. Certa ocasião, quando viu alguns fariseus e saduceus que apareceram para se batizar, João voltou-se para eles e disse: "Raça de serpentes! O que vocês pretendem, rastejando até o rio? Acham que um pouco de água nessa pele de cobra vai fazer alguma diferença?" (Mateus 3:7, msg). À medida que os meses passavam, muitos daqueles que um dia seguiram João e ouviram os seus ensinamentos passaram a seguir Jesus.

Alguns poderiam esperar que João ficasse com ciúmes, mas quando os seus discípulos mostraram essas deserções, ele apenas lhes disse que era assim que deveria ser: Jesus cresceria em popularidade e poder, e João deveria diminuir (ver João 3:30).

Contudo, a vida de João estava prestes a ter uma reviravolta. Ele logo estaria em um lugar onde jamais poderia imaginar. As perguntas começariam a se agitar dentro de sua alma.

O rei Herodes era o governante regional naquela época, e ele havia se casado com a esposa de seu irmão, violando a lei do Antigo Testamento. João foi muito claro sobre o assunto e chamou Herodes publicamente de adúltero.

Herodias, a mulher de Herodes, ficou furiosa com a acusação de João e pediu ao marido para prendê-lo por ousar falar contra ela. Herodes fez isso, mas tinha medo de executar alguém que era considerado um homem de Deus. Ele sabia que João era popular junto às pessoas do povo.

Certa noite, em uma festa, apresentou-se a oportunidade a Herodes — de bandeja, por assim dizer. Era seu aniversário e Salomé, sua enteada (e sobrinha!), dançou para os seus convidados. Herodes estava muito embriagado e disse a Salomé para pedir qualquer coisa como presente pela sua dança. Ela perguntou à sua mãe, Herodias, o que deveria pedir, e esta foi rápida em pedir a cabeça de João Batista.

Isso deixou Herodes sóbrio bem depressa, mas ele já tinha dado sua palavra. João teria de morrer.

Mas o que estava acontecendo com João enquanto ele estava em sua cela? Provavelmente não era o que esperaríamos de um profeta de Deus tão dedicado. A Bíblia diz: "Os discípulos de João contaram-lhe todas essas coisas. Chamando dois deles, enviou-os ao Senhor para perguntarem: 'És tu aquele que haveria de vir ou devemos esperar algum outro?'" (Lucas 7:18-19).

Essa passagem da Bíblia exerceu um grande impacto em mim. Ela afeta a maneira como oro e a janela através da qual vejo a minha vida. O motivo pelo qual essas palavras me afetam é: de todas as pessoas que podiam perguntar a Jesus se ele era o Messias, eu jamais esperaria que João Batista o questionasse. Isto é, até eu dar uma olhada mais de perto na situação. É minha oração fervorosa que, à medida que você der uma olhada na noite escura da alma desse tremendo servo de Deus, você encontre forças e esperança em meio aos seus questionamentos. Não apenas isso, mas também oro para que você veja que Cristo tem grande compaixão daqueles que o questionam com um coração sincero.

Você já orou sem cessar por uma resposta e não a reconheceu quando ela lhe foi enviada? Sei que isso já aconteceu comigo, e aparentemente também aconteceu com João. Como você pode perceber, Jesus não se comportou como João achava que o Messias de Israel deveria se comportar. Jesus não estava derrubando o governo romano e introduzindo uma nova era. Ele não estava vivendo uma vida austera, exortando o povo a mudar. Em vez disso, ele perambulava pelas cidades próximas contando histórias! Seus amigos eram pescadores exaltados e rudes e cobradores de impostos aposentados. Eles iam a festas e bebiam vinho nos casamentos.

Enquanto João estava sentado na masmorra gélida de Herodes, ele deve ter refletido sobre sua vida e se perguntado como tinha acabado em um lugar como aquele. Tenho certeza de que ele estava desanimado. Como você bem sabe, o inimigo ama zombar e mentir para os filhos de Deus quando eles já estão abatidos. João se perguntou se havia entendido tudo errado. Será que ele desperdiçara toda a sua vida por nada, e será que o Messias ainda estava por vir?

Essa pergunta deve tê-lo assombrado, pois ele era aquele que deveria preparar o caminho para o Messias. E se ele tivesse identificado publicamente o homem errado?

Hoje, lemos a história de João no contexto de todo o cânon bíblico, do início ao fim. Observamos o papel que ele desempenhou e o que Jesus disse sobre ele, e supomos: "Bem, sim, tudo foi como deveria ser." Mas lembre-se de que João viveu e morreu antes da crucificação e da ressurreição. Ele nunca chegou a ver a promessa cumprida, e ali, na masmorra, ele duvidou.

Jesus enviou uma resposta de volta a João:

> Os cegos veem, os paralíticos andam, os leprosos são purificados, os surdos ouvem, os mortos ressuscitam, os marginalizados da terra ficam sabendo que Deus está do lado deles. (Lucas 7:21-23, MSG)

Jesus estava parafraseando uma passagem messiânica de Isaías 35. Ele disse aos discípulos de João que contassem a ele que os milagres realizados pelo Messias estavam acontecendo apenas a alguns quilômetros de distância da sua cela na prisão.

Pergunto-me se João achou a resposta consoladora ou irônica. Ela tranquilizou o seu coração cansado ou esfregou sal em uma ferida aberta? Uma das promessas sobre o Messias vindouro era que ele libertaria os cativos e, no entanto, João agora estava em uma prisão, prestes a ser decapitado pelo aparente capricho de uma garota dançarina e de uma mãe amarga.

No entanto, havia mais — uma pequena frase acrescentada no fim da mensagem de Jesus a João que é fácil deixarmos passar despercebida, mas que diz muito: "Feliz é aquele que não se escandaliza por minha causa" (Lucas 7:23).

Que mensagem interessante para enviar a esse homem a quem Jesus amava tanto. Na essência, ele estava dizendo: "João, você ainda vai amar e servir a um Deus a quem você não entende? Você vai abaixar sua cabeça sobre o tronco da execução ainda vendo obscuramente através de um espelho? Você ainda vai adorar embora tenha perguntas? Você ainda me amará quando as minhas respostas não forem as que você espera? Se você puder fazer isso, a sua recompensa será grande."

Imagino que João não tenha recebido muito conforto ou aconchego durante sua vida. Lembre-se de que ele havia sido escolhido para o ofício de profeta desde antes do nascimento. Ele nunca se casou nem teve filhos — nunca soube o que era ter os braços suaves deles em torno do seu pescoço ou os seus pequenos rostos colados ao seu. Ele vivia uma vida de negação porque sabia que fora escolhido por Deus.

Imagino que a vida nem sempre foi fácil para João, e estou certa de que ele olhou para Jesus e se questionou sobre o chamado deles dois. E refletiu sobre o que o havia levado a esse estado de coisas.

Quando os guardas da prisão o levaram e ele percebeu que não tinha mais que alguns instantes de vida, João deu os seus últimos passos confiando em Deus em meio às trevas. Sim, ele servia a um Deus o qual não entendia. Sim, ele colocaria a cabeça sobre o tronco da execução. Sim, ele adoraria e amaria o seu Senhor independentemente do que acontecesse.

Tudo isso é profundamente comovente! Amo a fé de João. Porém, ainda mais que isso, amo pensar em como deve ter sido depois que Jesus subiu ao céu e estendeu as mãos perfuradas pelos cravos para segurar a mão de seu amado amigo João Batista. Deve ter sido um momento realmente abençoado!

Lembre-se disso nos dias em que você estiver questionando-se, como João. Quando você se perguntar por que orar. Quando sentir que o seu saber é ultrapassado, em muito, pelo que você não sabe. Lembre-se de que fomos chamados para andar pela fé e não por vista, porque muito da verdade que buscamos está no mundo invisível. Um dia conheceremos como também somos conhecidos, mas até então, como aconteceu com João, daremos o próximo passo e o que o sucederá.

Quando os discípulos de Jesus lhe disseram que João havia sido decapitado, Jesus entrou em um barco e saiu sozinho. Creio que naquele momento o seu coração estava partido por João — assim como ele fica por nós quando a vida não sai como esperamos e Deus não responde às nossas orações como achamos que ele o faria.

Mas Jesus disse: "Feliz é aquele que não se escandaliza por minha causa" (Lucas 7:23). Jesus abençoou João por sua convicção e sua fé. E ele nos abençoará também. Temos simplesmente de prosseguir na fé.

Isso não significa que algumas vezes não nos questionaremos e nem a Deus. Mas tudo bem, creio que a vida de João nos diz que não há problemas em fazer perguntas; isso é uma marca da confiança e do relacionamento. Quando os discípulos de João disseram a Jesus o que seu mestre estava perguntando, o Messias não se ofendeu. Ele não se ofenderá com as nossas perguntas também. Então, onde quer que você esteja hoje, saiba que pode fazer as perguntas difíceis, os seus "por quês", e também as perguntas quem, o que, quando e onde.

Mas lembre-se de que, no fim, a única resposta que importa é esta: sim, Jesus é o Messias! Algumas vezes o nosso Pai não nos dá a resposta que queremos, mas ele sempre nos dá o seu Filho. Se pudermos nos lembrar disso — se pudermos continuar amando-o mesmo quando nosso coração estiver sentindo-se inseguro ou partido —, seremos abençoados.

"Senhor, eu creio: ajuda-me na minha incredulidade";
Que eu não conheça outro Senhor além de ti.
Tu és o Deus dos cristãos, o único Rei e Chefe
De todos que serão soldados da cruz.

"Senhor, eu creio", na misericórdia concede-me graça
Para conhecer-te, bendito Salvador, cada vez mais;
Nada posso fazer sem ti; Jesus, mostra a tua face
Aos teus servos que querem te adorar.

"Senhor, eu creio", o grilhão do pecado é forte,
E vigoroso o seu coração para arrancar-me do teu amor;
Porém mais forte é a tua graça; ó, fortalece e prolonga
A obra da fé em mim, remove as minhas dúvidas.

"Senhor, eu creio: ajuda-me na minha incredulidade";
Que seja esta a minha oração quer as notícias sejam boas ou más;
Apenas a ti eu me apego; se meus dias forem longos ou breves,
Mestre e Salvador, ainda confiarei em ti!

— David H. Howard

12

VOCÊ ESTÁ PEDINDO PARA EU ABRIR MÃO?

Caindo para a frente

Todo amanhã tem dois cabos. Podemos agarrá-lo com o cabo da ansiedade ou com o cabo da fé.

— Henry Ward Beecher

O Eterno, o seu criador, tem algo a dizer; o Deus que o formou no ventre da sua mãe quer ajudar você. Não tenha medo, amado servo Jacó, Jesurum, aquele que escolhi. Pois vou derramar água no solo sedento e enviar ribeiros por toda a terra rachada. Vou derramar meu Espírito sobre seus descendentes e minha bênção sobre seus filhos. Eles brotarão como a relva na campina, como chorões à margem do riacho. (Isaías 44:2-4, MSG)

Christian só aprendeu a andar com cerca de 18 meses. Isso parecia assustar alguns de meus amigos, mas não me preocupava nem um pouco. Ele podia engatinhar com a velocidade de uma BMW, e eu sabia intuitivamente como sua mãe que quando ele estivesse pronto para andar, ele andaria.

Ele tem sido assim com quase tudo de novo que tem aprendido. Por exemplo, quando estava chegando a hora de deixar as fraldas, perguntei a Christian se ele queria fazer isso. Ele disse que não, mas que me diria quando estivesse pronto.

Um dia estávamos no McDonald's com um de seus amigos, que era um ano mais velho que Christian. O amigo disse que precisava ir ao banheiro, então todos nós fomos para lá — e Christian deve ter percebido que seu amigo não estava de fraldas.

No trajeto de carro para casa, depois de deixarmos o amigo dele, ele anunciou:

— Chega de fraldas, mamãe! — E ele nunca mais usou fraldas.

O mesmo aconteceu com a jornada de fé dele. Quando Christian tinha cinco anos, comprei um pequeno livro da organização missionária Campus Crusade for Christ que explicava de modo simples e claro a uma criança o que significava pedir a Jesus para ser o seu Salvador. Deixei que ele desse uma olhada nas páginas e depois atendi o seu pedido de lê-lo — li o livro duas vezes (ele pediu de novo) e depois perguntei o que achava. Ele me falou que parecia uma ótima coisa para fazer, mas que ainda não estava pronto.

Cerca de duas semanas depois, ele me perguntou se eu ainda tinha o livro. Disse que sim, e a pedido dele, li-o mais uma vez. Então ele falou:

— Estou pronto, mãe. Você pode orar comigo?

Se eu tivesse de escrever quais foram os pontos altos de minha vida, aquela oração estaria no topo da minha lista. Não há nada — absolutamente nada — que pudesse significar mais para mim ou para Barry que saber que nosso filho tem o seu próprio relacionamento com Jesus Cristo. É um lembrete de que Christian está se tornando mais independente de nós — e mais dependente de Deus. Uma troca de tutela doce e amarga ao mesmo tempo, mas maravilhosa.

As fases da vida de uma criança são marcadas por alegrias e tristezas, dificuldades e risos, quedas e levantes. Ser mãe é o empreendimento mais exigente que já abracei. Nunca encontrei um desafio maior em minha vida de oração do que aquele que enfrento com relação a meu filho. Às vezes, acho difícil saber onde estão os limites. Como mãe, Deus espera que eu cuide de Christian, alimentando-o e protegendo-o tanto quanto possível. Mas a outra realidade é que ele é filho de Deus, e fui chamada para abrir mão dele diariamente para o nosso Pai. Algumas vezes ele irá cair, e tenho de confiar que quando isso acontecer, será para a frente, nos braços que se estendem onde eu não posso ir. À medida que ele cresce, os desafios aumentam e o chamado para confiar é proclamado em meu coração.

Enquanto escrevo, Christian tem dez anos e está prestes a se formar no Ensino Fundamental e começar no Ensino Médio. (No sistema escolar no qual ele estuda, o Ensino Médio começa no sexto ano.) Nessa fase e nessa idade, Barry e eu nos vemos como treinadores de vida, lado a lado com o nosso menino, ajudando-o a fazer boas escolhas e a assumir a responsabilidade pelas atitudes inconsequentes. Esforçamo-nos muito para ajudá-lo a desenvolver bons hábitos de estudo que lhe servirão mais tarde na vida, a fazer amigos que valham a pena manter, e a respeitar a autoridade. Nós o instruímos sobre o valor do dinheiro, acerca de como economizar e gastar, e a devolver a Deus o que é dele. Nós o ensinamos a entender o valor de cada vida humana — que todos os homens, todas as mulheres e todas as crianças são amados por Deus e merecem ser tratados com bondade e respeito — e têm direito a limites dados por ele que ninguém deve ultrapassar ou desafiar.

Tantas lições — não é de admirar que a pobre criança esteja exausta!

No que se refere à fé, porém, em algum momento Christian terá de esquecer tudo que aprendeu conosco e cair nos braços de Deus. Que paradoxo! Desde o momento em que nossos filhos nascem, nós os preparamos para se tornarem independentes. Nós os ensinamos a andar por si mesmos e a tomar decisões certas sozinhos para que em algum ponto eles possam sair e fazer suas próprias vidas. Mas, no que se refere a ter um relacionamento com Deus, há uma parte deles (e de nós) que sempre será chamada para ser uma criança, para estar disposta a confiar no que não pode ser visto e para algumas vezes dar um passo no escuro ouvindo apenas o som da voz do seu Pai.

Uma de minhas amigas mais queridas neste mundo é Sandi Patty. Ela e seus irmãos foram criados por seus amáveis pais em Phoenix, Arizona. Eles moravam em uma casa pequena, e uma das brincadeiras que gostavam de fazer para se divertir quando crianças era com o pai de Sandi. Ela escreveu sobre isso em seu livro *Falling Forward* [Caindo para a frente].[1]

A brincadeira era que seu pai colocava cada criança no telhado (não se preocupe, não era muito alto) e elas pulavam nos braços dele. Parecia divertido para Sandi até chegar a vez dela, quando congelava na beira do telhado — o que parecia muito viável enquanto ela observava os seus irmãos pularem na hora H parecia aterrador.

O pai de Sandi lhe dizia: "Sandi, de uma maneira ou de outra, você vai cair. Se você cair para trás, não há nada que eu possa fazer para ajudá-la. Mas, se você cair para a frente, eu seguro você."

Essa lição simples permaneceu com Sandi ao longo dos anos de tremendo sucesso e dos anos de tristeza. Em 2007, ela foi uma das palestrantes convidadas do Women of Faith. Enquanto compartilhava sua história de estar em lugares muito escuros e assustadores, ela se lembrava das palavras do seu pai — que agora se tornavam as palavras do seu Pai celestial: "Sandi, caia para a frente, eu seguro você."

Ouço essas palavras claramente como um chamado a uma oração de entrega: "Pai, estou caindo para a frente, nos teus braços." Por que é tão difícil para nós, cristãos, fazer isso? Por que é tão difícil orar: "Não a minha vontade, mas a tua, Deus"? Pelo menos sei que é difícil para mim. E quanto a você? Você acha, assim como eu, que embora saiba que deve entregar uma situação a Deus, você simplesmente não consegue soltá-la? Que embora haja algo que você sabe que Deus está colocando em seu coração, você tem medo demais de se comprometer com isso?

Há um forte instinto em toda alma humana para querer entender tudo e saber para o que estamos dizendo sim. Quando o estudioso da ética John Kavanaugh passou três meses em Calcutá, com Madre Teresa, na "casa dos moribundos", ela lhe perguntou como poderia servir-lhe. Ele pediu que ela orasse, e após a freira perguntar qual oração ele gostaria de ouvir, veio a resposta:

— Por clareza.

Ela respondeu:

— Não, não vou fazer isso. A clareza é a última coisa à qual você está se agarrando, e precisa abrir mão dela.[2]

É difícil tirar nossas mãos das coisas que ansiamos por "consertar" e confiar em Deus para fazer o que só ele pode, ou ceder mesmo quando estamos com medo do resultado. Para alguns, as recompensas podem não parecer valer a pena. Mas, se não pudermos permitir que a nossa vida de oração reflita a nossa absoluta convicção na vontade de Deus para as nossas vidas, nunca estaremos realmente nos entregando a ele, não é mesmo?

Talvez você tenha visto o charmoso filme *Waking Ned Devine* [Despertando Ned Devine]. Filmado na Irlanda, é a história de um homem que ganha na loteria. Infelizmente, o sortudo morre em seguida, e seus amigos então tentam encontrar uma maneira de enganar o representante da loteria para que ele acredite que um deles é Ned. É uma história muito engraçada, mas a honestidade de um jovem personagem ficou guardada em minha lembrança por algum tempo depois de vê-lo.

Há uma cena no filme em que um menino de dez anos questiona o pastor da igreja da aldeia sobre a sua fé. Ele pergunta ao ministro se ele alguma vez conseguiu ver Deus pessoalmente. O ministro responde que não, embora de vez em quando ele receba "revelações".

Não satisfeito com essa resposta, o menino insiste. Ele pergunta se o trabalho do pastor paga bem, e o ministro tem de admitir que a maioria das suas recompensas é de ordem espiritual e não financeira.

Curioso com as perguntas do garoto, o ministro lhe pergunta se ele está pensando na hipótese de uma vida de serviço a Deus. O garoto responde: "Na verdade, não. Não quero trabalhar para alguém que eu nunca vejo e que nem sequer paga o salário mínimo."

Bem-vindo à vida de fé — embora a minha experiência mostre que Deus não fica devendo nada a homem algum! Na verdade, o que o pastor estava querendo transmitir ao menino era como desfrutar uma vida de mistério, uma vida de renúncia. Não há nada mais libertador que orar com absoluta submissão, pois abrir mão de algo é o catalisador da mudança.

Eu não costumava ser uma grande fã da palavra *renúncia* — principalmente porque quando você olha os sinônimos dessa palavra encontra *desistir, render, abandonar, entregar*. Minha luta de tantos anos resistindo à renúncia tinha origem em um medo profundamente arraigado na minha vida: o que aconteceria se eu orasse a Deus e lhe dissesse que realmente estava abrindo mão de todas as coisas que eu "controlo" (casa, trabalho, casamento, a criação de meu filho etc.)?

Mas passei a perceber que o meu foco estava no lugar errado e que eu estava fazendo a pergunta errada. O foco correto está no coração e no caráter de Deus, e a pergunta certa é: "*Quem* está nos pedindo que lhe entreguemos as nossas vidas?"

Isso muda tudo. Isso *nos* muda. De uma maneira que jamais experimentaríamos se não caíssemos para a frente.

Pergunte ao apóstolo Pedro. A oração de renúncia, de finalmente chegar a entender que ele não estava no controle, moldou sua vida novamente.

Saia do barco!

De muitas maneiras, Pedro era o porta-voz dos 12 discípulos e o mais citado nas narrativas dos quatro Evangelhos. Exerceu um papel fundamental nos três eventos que marcaram a transição da vida do Antigo Testamento para a revelação do Novo Testamento.

Em Mateus 16, Pedro foi o primeiro a declarar abertamente que Jesus era o Cristo. Aconteceu em Cesareia de Filipe. Jesus perguntou aos seus discípulos o que as pessoas estavam dizendo sobre ele e quem elas diziam que ele era. Eles lhe disseram que alguns diziam que Jesus era Elias ou um dos outros profetas. Herodes ficou aterrorizado com a hipótese de que Jesus fosse João Batista ressuscitado, que tinha vindo para buscar vingança por sua decapitação, e assim esse rumor também estava circulando.

Então Jesus perguntou aos seus amigos: "'E vocês?', perguntou ele. "'Quem vocês dizem que eu sou?' Simão Pedro respondeu: 'Tu és o Cristo, o Filho do Deus vivo'" (Mateus 16:15-16). Essa declaração de Pedro foi uma oração de confissão e adoração, embora ela talvez não parecesse assim para ele.

Depois dessa declaração, há uma mudança no ensinamento de Cristo — ele deixou de concentrar-se no Reino para focar na cruz.

Pedro exerceu um papel importante em outros momentos cruciais também. O seu sermão no dia de Pentecostes levou à formação da igreja primitiva. Enquanto ele falava, revelava o seu novo entendimento de como Cristo o ensinara a orar durante o Sermão do Monte. Declarou o Reino de Deus, deu glória ao Senhor, convidou os ouvintes a confessarem os seus pecados e a serem salvos. A sua visita ao centurião romano Cornélio foi a primeira vez em que as portas da igreja se abriram aos de fora da família judaica. Esse único ato foi uma verdadeira queda para a frente na fé e na oração. Deus pediu a Pedro para confiar e ir além do que ele compreendia ser verdadeiro. Os judeus que receberam Cristo sabiam que o seu Messias tinha vindo, mas agora estava sendo pedido a Pedro que ele saísse desse peitoril estreito e confiasse que Deus tinha uma plataforma mais larga para ele se apoiar.

Essa fé e essa liderança radicais não aconteceram da noite para o dia. O crescimento de Pedro em maturidade foi banhado com lágrimas e fracasso, caindo e levantando de novo. Ele começou como um simples pescador, tornou-se um discípulo, depois um pregador, e finalmente um missionário. Mas antes que pudesse fazer qualquer dessas coisas, antes que ele pudesse se levantar e declarar o seu amor e a sua devoção a Cristo, Pedro caiu para a frente.

Você deve se lembrar da história de Mateus 14:22-23. Mateus é o único escritor do evangelho que relata isso. Creio que deve ter tido um grande impacto sobre ele porque Mateus estava com os discípulos e Pedro, e ele viu tudo em primeira mão. Era noite, e eles estavam todos em um barco. Jesus não estava com eles. Ele havia ficado do outro lado da costa para dispersar a multidão depois do milagre de alimentar cinco mil homens e o dobro disso em mulheres e crianças. Depois Jesus subiu ao monte para ficar a sós com o seu Pai. (Posso apenas supor que depois de cada milagre, cada vez que o céu invadia a realidade da terra, Cristo ficava exausto e esgotado e então ele queria ficar a sós com o seu Pai.)

Os discípulos estavam tendo dificuldade com o barco alugado a cerca de cinco quilômetros adentro no Mar da Galileia, onde enfrentavam um forte vento. Então, na quarta vigília da noite, o que seria entre três e seis da manhã, os discípulos viram uma estranha figura aproximar-se do barco.

A palavra grega usada aqui é *phantasma*, que significa "fantasma" ou "aparição". Os discípulos ficaram aterrorizados com essa aparição que parecia andar sobre as águas. Pensaram que só podia ser um fantasma.

Mas a figura chamou por eles e lhes disse para não terem medo.

"Espere", eles pensaram. "Aquele é... Jesus?"

A Lua desapareceu atrás das nuvens. A visão estava difícil, e as ondas batiam contra a lateral do barco. Então Pedro chamou Jesus e disse: "Senhor, se és tu realmente, pede-me que vá ter contigo."

Jesus disse: "Vem."

Pedro deu um passo sobre a lateral do barco e colocou o pé sobre uma das ondas. A sua fé estava em alta, afinal, ele acabara de testemunhar Jesus pegar o almoço de um menino e alimentar uma multidão.

Naquele momento ele estava fazendo aquilo; realmente andando sobre as ondas! Ele podia ver Jesus com os braços abertos, então deu outro passo... e outro.

Mas uma onda bateu contra ele, e por um instante Pedro tirou os olhos de Jesus. O mundo visível se tornou muito mais vívido do que o invisível naquele momento, e à medida que Pedro entrava em pânico, começou a afundar. Ele clamou a Jesus que o salvasse, e o Senhor das ondas estendeu a mão e segurou seu amigo. No instante em que Jesus pisou no barco, o mar se acalmou em submissão.

Pedro aprendeu uma lição naquela noite: que o único catalisador verdadeiro para uma mudança positiva é cair para a frente e nos entregar ao cuidado de Deus. Quando ele conseguiu fazer isso, passou de um mero pescador a um dos maiores e mais piedosos mentores que temos atualmente.

Isso não aconteceu da noite para o dia. Como a Bíblia nos conta, a santificação é um processo. Assim como Sandi em pé na beira do telhado, Pedro enfrentou os seus medos nas ondas. Mas no dia em que ele tentou se misturar a uma multidão hostil do lado de fora da casa do sumo sacerdote, havia outros medos a encarar.

Voltando para Jesus

Era inconcebível para Pedro o que havia ocorrido nas últimas horas. Era como se ele estivesse vendo a areia escorrendo entre seus dedos e não pudesse impedi-la. Tudo que ele sabia ser verdade acerca de si mesmo agora parecia mentira. Ele era forte e destemido, mas seu estômago e seu coração estavam capturados pelo medo. Era como se todos que o cercavam parecessem ter uma dimensão exagerada, ameaçadora e desafiadora. O mal estava no ar naquela noite, de uma maneira que ele nunca sentira antes.

Em Marcos 14:66-72, a Bíblia relata a luta tenebrosa de Pedro com o medo. Ele ficou no meio da multidão dos que se reuniram para ver o julgamento de Jesus na casa do sumo sacerdote. Alguém se virou para ele e, com olhos que penetravam a sua alma e tentavam puxá-lo para essa teia de morte, disse:

— Você é um dos amigos dele!

— Não! — falou Pedro.

— Eu o vi com ele — disse outro.

— Não! — disse Pedro outra vez.

— Você não pode se esconder aqui, nós o vimos! — acusavam eles.

— Não! Nem sequer o conheço!

Não! Não! Não! Três falas pequenas, e, no entanto, para Pedro elas carregavam o peso do mundo. Felizmente, depois de inicialmente fugir de Deus naquela noite, Pedro deu a volta e correu para ele — caiu para a frente, de volta aos braços de seu amoroso Pai.

Creio que, nesse sentido, a experiência de Pedro foi um presente. Por mais estranho que pareça, creio que Deus em sua misericórdia ajudou Pedro a entender que ele precisava depender de Deus, que ele sozinho não era forte o bastante para resistir às batalhas externas ou aos medos internos. A partir do momento em que Pedro entendeu isso, ele estava pronto para tudo o que estava à sua frente, em seu novo caminho. Estava pronto para se levantar e falar a uma multidão hostil e inconstante no dia de Pentecostes. Estava pronto para enfrentar a oposição enquanto levava o evangelho para fora dos muros de Jerusalém e começava uma jornada missionária que conduziu a você e a mim.

Nessa nossa jornada de fé de "cair para a frente", creio que, às vezes, quando nos é pedido para confiar, é como ter um espelho diante de nós, nos dando a oportunidade de ver o que é realmente verdade sobre nós mesmos. Quando encaramos as coisas que tornam difícil confiar, somos convidados a cair para a frente em oração nos braços daquele que espera para nos segurar e nos fortalecer.

Quando Christian começar a jogar futebol este ano, ele ouvirá do seu treinador o que todo garoto da sua idade ouve: "Quando você cair — e você vai cair —, caia para a frente e tire o máximo proveito da jogada." Isso é sábio não apenas quando você está no campo ou no telhado, mas quando você estiver à beira de um momento desconhecido na vida. Temos um Pai que está acima e abaixo de todos os lugares assustadores de nossas vidas. Ele está de braços abertos para nos segurar quando cairmos. Por isso, caia para a frente!

Tudo, ó Cristo, a ti entrego, tudo, sim, por ti darei,
Resoluto mas submisso, sempre sempre seguirei.
Tudo entregarei, tudo entregarei
Sim por ti, Jesus bendito, tudo entregarei

Tudo, ó Cristo, a ti entrego, corpo e alma eis aqui,
Este mundo mau renego, ó Jesus, me aceita a mim!.
Tudo entregarei, tudo entregarei
Sim por ti, Jesus bendito, tudo entregarei

Tudo, ó Cristo, a ti entrego, quero ser somente teu,
Tão submisso à tua vontade, como os anjos lá no céu.
Tudo entregarei, tudo entregarei
Sim por ti, Jesus bendito, tudo entregarei

Tudo, ó Cristo, a ti entrego, oh! eu sinto teu amor,
Transformar a minha vida, e meu coração, Senhor.
Tudo entregarei, tudo entregarei
Sim por ti, Jesus bendito, tudo entregarei

Tudo, ó Cristo, a ti entrego, oh! que gozo meu Senhor,
Paz perfeita paz completa, glória glória ao Salvador.
Tudo entregarei, tudo entregarei
Sim por ti, Jesus bendito, tudo entregarei

— Judson W. Van DeVenter
(Cantor Cristão, 295, "Tudo entregarei")

Parte 4
O propósito

13

SOLTE OS SEUS FARDOS

O dom da confissão

As lágrimas são como o sangue nas feridas da alma.
— Gregório de Nissa

Cria em mim um coração puro, ó Deus,
e renova dentro de mim um espírito estável.
Não me expulses da tua presença,
nem tires de mim o teu Santo Espírito.
Devolve-me a alegria da tua salvação
e sustenta-me com um espírito
pronto a obedecer. (Salmos 51:10-12)

Gosto muito de assistir a um bom filme, mas tenho muito pouco tempo para ir ao cinema. (Acho que a última vez foi para um ver um do Charlie Chaplin!). Mas como a tecnologia avançou, isso não é problema. Posso ir a uma locadora e pegar um filme ou pedir para que o entreguem na minha porta; posso fazer o download no meu iPod ou no meu laptop.

Sou grata pela conveniência dessas coisas, mas para certos filmes nada substitui a tela grande. Para mim, a trilogia *O Senhor dos Anéis* se encaixa nessa categoria. (Consegui assisti-la em uma tela IMAX. Uau!)

Outro filme feito para cinemas é *A missão*. Se você ainda não viu, deixe este livro agora mesmo e vá alugar esse filme — é glorioso. (O filme fica um pouco sangrento no final já que alguns dos índios sul-americanos são assassinados. Caso haja alguma coisa relacionada a sangue que você não suporte, não assista aos últimos dez minutos!)

Com fundamento em uma história verídica, *A missão* é sobre as experiências de um missionário jesuíta na América do Sul do século XVIII. O padre Gabriel, protagonizado de forma brilhante por Jeremy Irons, entra na selva sul-americana para construir uma missão e converter uma comunidade de índios guaranis ao cristianismo. A missão e o território da tribo guarani costumavam estar sob a autoridade espanhola, mas foi entregue aos portugueses, que não confiam nos índios e pretendem dizimá-los. Rodrigo Mendoza, um mercenário português reformado representado com intensidade e ansiedade por Robert De Niro, une-se ao padre Gabriel para ajudar a proteger a tribo desses colonos.

Fui extremamente tocada pelo personagem de De Niro, Mendoza. À medida que a história se desenrola, fica claro por que Mendoza está ali. Ele vê a missão jesuíta como um santuário e um lugar de perdão pelo assassinato de seu irmão, o qual matou por causa de uma mulher. O ex-mercador de escravos que pouco se importava com a vida humana começa a ser consumido pela culpa. Ele tenta inicialmente esquecer aquilo e empurrar a dor para baixo da superfície, mas não consegue. A sua vida está presa em um limbo, uma vez que ele não tem para onde levar a sua culpa.

O que mais aprecio na descrição desse peso de culpa e vergonha é que nos é dado um retrato físico de uma realidade espiritual. Para ter acesso à missão, é necessário escalar uma montanha muito íngreme. Sempre que o padre tem de fazer a subida do rio até a missão, os índios guaranis carregam sua bagagem e o ajudam a encontrar pontos de apoio para os pés e em qual pedra deve se agarrar em seguida. Eles estão acostumados a escalar, além de possuírem flexibilidade e agilidade.

Mendoza se recusa a permitir que qualquer um o ajude, apesar da dificuldade em escalar a montanha com suas malas amarradas às costas. Por vezes seguidas ele cai para trás pela encosta da montanha e as pedras afiadas cortam sua carne. Com lágrimas descendo por seu rosto, ele começa tudo de novo.

Quando finalmente chega ao topo, um dos índios pega uma faca e corta o fardo de suas costas, olha no rosto de Mendoza e começa a rir, sem parar. Finalmente Mendoza se junta a ele, e eles riem até que as lágrimas de dor e culpa de Mendoza são substituídas pelas de alegria e alívio.

Um retrato do arrependimento

Nessa única cena está o retrato do pecado, da culpa e do dom oferecido a todos que levam em oração os seus fardos a Cristo em verdadeiro arrependimento e permitem que ele os retire. A imagem pode ser dividida em quatro passos:

- Pecar e sentir o peso do pecado
- Lamentar o pecado
- Tentar fazer expiação pelo pecado pessoalmente
- Ter o seu pecado retirado de você

Cada um deles é importante, portanto vamos analisá-los separadamente.

Passo 1: Pecar e sentir o peso do pecado

Você já esteve em uma situação em que sabia que o que estava para fazer era errado, mas fez assim mesmo? Depois a sensação é de que o peso do mundo está sobre os seus ombros. A compulsão que o levou a dar o passo o deixou com um vazio repugnante. O salmista, que nos deu um manual de arrependimento e confissão, escreveu:

> Enquanto escondi os meus pecados, o meu corpo definhava de tanto gemer.
>
> Pois de dia e de noite a tua mão pesava sobre mim; minha força foi se esgotando como em tempo de seca. Pausa
>
> Então reconheci diante de ti o meu pecado e não encobri as minhas culpas.
>
> Eu disse: "Confessarei as minhas transgressões ao Senhor", e tu perdoaste a culpa do meu pecado. (Salmos 32:3-5)

De acordo com esse salmo, quando Davi tentou minimizar o seu pecado ou ignorá-lo, ficou doente. Por se recusar a confessar, ele sofreu. Deus nos destinou a viver de forma transparente, e quando queremos empurrar as nossas coisas para debaixo do tapete em vez de nos apresentarmos diante de dele em oração, a nossa saúde pode ser afetada, emocional e espiritualmente. Sem mencionar a nossa vida de oração. A oração é o dom de Deus que nos foi dado enquanto vivermos na carne humana. Por meio dela podemos e devemos descarregar as coisas que nos pesam.

Quando eu tinha mais ou menos a idade de Christian, tirei dinheiro da carteira da minha mãe. Não foi muito, mas ela percebeu que o dinheiro estava faltando e perguntou à minha irmã, ao meu irmão e a mim se nós o havíamos tirado. Todos nós negamos. Agora eu acrescentara a mentira à minha pilha de pecados. Mamãe concluiu que deveria ter colocado em outro lugar, e o dia seguiu normal para todos, menos para mim.

Não consigo descrever como aquele pecado não confessado me atormentou. Naquela noite, tentei dormir, mas enquanto estava deitada na cama, eu me sentia enferma. Também sentia que havia uma muralha entre minha mãe e eu. Ela não sabia disso, mas eu sabia.

Finalmente, tive de me levantar e dizer a ela o que eu havia feito e pedir a ela que me perdoasse. Ela me perdoou. Houve consequências por causa da minha mentira e do roubo, mas elas foram doces se comparadas ao fardo que estivera sobre minhas costas o dia inteiro.

Há uma sensação de "justiça" quando vamos a Deus em oração, confessamos o nosso pecado, e o reconhecemos. Há alívio em dizer a verdade. Mas o pecado se caracteriza não apenas pela atitude externa que tomamos, mas pelas internas também. Creio que elas são potencialmente muito mais devastadoras para o coração e o espírito humano, à medida que a falta de perdão e a amargura corroem a alma. A ciência médica agora reconhece um elo claro entre a saúde emocional e a saúde física. Quando nos recusamos a perdoar alguém que nos feriu, essa falta de perdão é como uma pedra em nosso espírito. Como a bagagem que Mendoza tentava arrastar montanha acima, o peso da falta de perdão faz com que caiamos para trás. Podemos orar tanto quanto quisermos, mas se não estivermos indo a lugar algum emocionalmente, é provável que as nossas orações também não estejam.

É notório em muitos estudos médicos a relação entre o que se passa em nossa alma e nosso espírito e o que acontece com a nossa saúde física. Emoções negativas como a ira, a falta de perdão, e a ansiedade podem afetar negativamente não apenas a nossa vida de oração, mas também a nossa saúde. Inversamente, as emoções positivas como o bom humor e a esperança podem servir para melhorar a saúde e aumentar a longevidade... e a nossa vida de oração alegre e grata.

Passo 2: Lamentar o pecado

Esse próximo passo é algo a que a maioria de nós admite estar sintonizado. Mas eu me pergunto se esquecemos o que é biblicamente lamentar os nossos pecados. A palavra grega para um coração quebrantado e contrito é *penthos*. Ela se traduz também como uma "tristeza interior segundo Deus". Como Richard Foster escreveu em seu livro *Oração: o refúgio da alma*, é a "Oração das Lágrimas".[1]

Há uma enorme diferença entre se sentir culpado e estar arrependido. Quando Christian estava na terceira série, ele e três de seus amigos realizaram o que descreveram como um "projeto de ciências" no banheiro dos meninos. Eles tentaram ver quantas toalhas de papel podiam enfiar em um vaso sanitário e depois deram descarga. Obviamente (e eu nem sou boa em ciências!) o vaso sanitário entupiu e transbordou para todos os lados, e Christian e seus companheiros foram mandados para a sala do diretor.

Isso foi aterrorizante para ele, que nunca havia estado em um problema tão grande. O diretor disse a eles o quanto foram egoístas e irresponsáveis e depois deu aos garotos tarefas para eles fazerem a fim de ajudar o pobre zelador que teve de limpar a sujeira. Barry e eu acrescentamos a nossa punição proibindo que Christian usasse o computador por uma semana.

Quando ele foi dormir naquela noite, conversei com ele sobre a experiência e a respeito de quais eram as ideias dele.

Ele disse:

— Eu chorei duas vezes, mãe.

— Por que você chorou duas vezes? — perguntei.

— Chorei uma vez quando fui pego, e depois chorei de novo quando vi quanto trabalho tínhamos dado ao zelador. Ele é um homem muito bom.

As primeiras lágrimas de Christian foram por ele mesmo, as seguintes pelo que o seu "experimento" custara a outra pessoa. Fiquei profundamente grata por essa experiência na vida de Christian — que em uma idade tão tenra foi capaz de entender que o pecado tem consequências além das nossas próprias vidas. Ele trabalhou lado a lado com aquele homem amável a semana inteira, e creio sinceramente que apreciou cada minuto.

Acredito que a profundidade com que sentimos o peso do nosso pecado e a com que nos arrependemos em lágrimas e oração será a mesma da verdadeira alegria que somente um cristão pode conhecer. Às vezes, na nossa vida de oração, não passamos das primeiras lágrimas, mas é crucial que isso aconteça.

Uma indicação da profundidade do nosso arrependimento é a maneira como o nosso comportamento muda depois da nossa confissão. A palavra grega para arrependimento é *metanoia*. *Meta* significa "mudança" e *noia* significa "mente". Não podemos simplesmente ficar tristes pela situação e por suas consequências; precisamos nos arrepender e literalmente mudar de direção em nossos pensamentos sobre o que é certo e errado.

Quando Pedro falou à multidão no dia de Pentecostes, disse-lhes que havia sido o nosso pecado que tinha pregado Jesus na cruz. À medida que eles começaram a captar o que Pedro estava dizendo, "*os seus corações ficaram aflitos,* e eles perguntaram a Pedro e aos outros apóstolos: 'Irmãos, que faremos?'" (Atos 2:37; grifo da autora). A indicação de que o arrependimento era real foi o fato de que eles mudaram a maneira como estavam vivendo. Eles ficaram aflitos de coração pelo seu pecado e pelo que ele custou a Cristo.

Para nós essa é a diferença entre orar: "Deus, sinto muito pelos meus atos. Por favor, perdoe-me", e continuar dizendo, "E, Senhor, mostra-me como posso agir de modo diferente no futuro, porque não quero ser a mesma pessoa que eu era antes". Com que frequência nos esquecemos desse passo crucial na confissão? Sou uma grande fã da graça de Deus. O favor imerecido de Deus é um dom para o qual não tenho palavras, mas me pergunto se corro para a graça com demasiada frequência antes de me sentar por algum tempo com a Oração das Lágrimas.

A Bíblia está cheia de exemplos de pessoas que amavam a Deus e que encharcaram suas camas de lágrimas, não apenas pelos seus pecados, mas também pelos pecados do povo.

- "Estou exausto de tanto gemer. De tanto chorar inundo de noite a minha cama; de lágrimas encharco o meu leito. Os meus olhos se consomem de tristeza; fraquejam por causa de todos os meus adversários" (Salmos 6:6-7).
- "Faze o teu rosto resplandecer sobre o teu servo, e ensina-me os teus decretos. Rios de lágrimas correm dos meus olhos, porque a tua lei não é obedecida" (Salmos 119:135-136).
- "Durante os seus dias de vida na terra, Jesus ofereceu orações e súplicas, em alta voz e com lágrimas, àquele que o podia salvar da morte, sendo ouvido por causa da sua reverente submissão" (Hebreus 5:7).
- "Quando chegaram, ele lhes disse: 'Vocês sabem como vivi todo o tempo em que estive com vocês, desde o primeiro dia em que cheguei à província da Ásia. Servi ao Senhor com toda a humildade e com lágrimas, sendo severamente provado pelas conspirações dos judeus'" (Atos 20:18-19).

Passo 3: Tentar fazer expiação pelo pecado pessoalmente

Esta é difícil, de partir o coração, realmente. Estou pensando na quantidade de pessoas que ficam sentadas isoladas, sentindo-se indignas da vida e do amor. Estou pensando naqueles que bebem para dormir à noite ou são viciados em medicamentos ou drogas para dor, tentando preencher um vazio interior ao qual eles se esforçam para dar um nome. Para muitos é uma profunda sensação de vergonha e culpa sem nenhuma fonte à qual se possa ligar e nenhum lugar para onde se possa levar. Eles querem expiar o que fizeram, mas como não têm certeza do seu fundamento, seus esforços nunca parecem suficientes. E, por causa disso, suas orações pedindo perdão — se é que eles conseguem orar — parecem sem sentido.

Desperdicei a maior parte da minha vida tentando me punir pelo que quer que houvesse de errado comigo — fiz milhares de orações pedindo a Deus para me perdoar e me consertar. Eu, também, teria sido incapaz de dar um nome à razão pela qual eu me sentia daquela maneira. Tudo o que eu sabia era que na verdadeira essência do meu ser eu me sentia como se houvesse algo de errado comigo. Eu achava que se alguém se aproximasse demais de mim, não gostaria do que iria ver.

Quando criança, observei a mudança em meu pai depois de sua hemorragia cerebral. Ele ficou paralisado de um lado e incapaz de falar, mas ainda encontrávamos formas de nos comunicar. À medida que a doença dele progrediu, sua personalidade foi afetada. Em um instante, ele era amoroso e gentil, e depois irado e imprevisível. As crianças são as que mais absorvem as informações, mas são as menos equipadas para interpretar os acontecimentos que testemunham. Na minha cabeça, se meu pai agora parecia me odiar, eu devia ter feito alguma coisa errada, mas simplesmente não sabia o quê.

Depois de um episódio especialmente alarmante quando ele tentou acertar minha cabeça com sua bengala, foi levado a um hospital psiquiátrico, onde morreu. Fui deixada com um enorme buraco em meu coração e uma pergunta que retumbou no porão da minha alma por muitos anos: "O que há de errado comigo?"

Embora eu tenha entregado minha vida a Cristo aos 11 anos, só aos 34 anos permiti que ele retirasse o fardo de minhas costas e o vi cair montanha abaixo. O mês que passei em uma ala psiquiátrica devido à minha depressão foi a primeira vez que enfrentei tudo o que eu acreditava ser verdade acerca de mim mesma. Não me restava nada atrás do que me esconder e nenhuma energia para fugir. Percebi que desperdiçara a maior parte dos meus anos de ministério querendo expiar seja lá o que estivesse "errado" comigo. Tentando e fracassando. Nenhuma oração que eu fizesse era suficiente para superar o que sentia.

O problema com o tipo de vergonha profunda que somos incapazes de traduzir em palavras é que ficamos a sós com ela em vez de levá-la ao nosso Pai em oração. Se você já teve problemas como esse, sugiro duas coisas que podem ser úteis. Primeiro, eu o encorajo a fazer das suas próprias perguntas e da sua falta de entendimento motivo de oração:

> Pai,
>
> Tenho uma profunda sensação de indignidade. Sinto que bem no fundo do meu ser há algo errado comigo. Por favor, ajuda-me a entender

por que estou sofrendo assim. Por favor, leva-me à pessoa certa para conversar e às passagens corretas da Bíblia para estudá-las.

Em segundo lugar, eu o encorajo a falar com alguém que você acredita que seja confiável — um pastor ou conselheiro cristão, ou um amigo sábio. Peça a essa pessoa para se unir a você em oração para que Deus o guie nessa jornada.

Talvez um dos relatos mais tristes de alguém tentando expiar o próprio pecado seja o de Judas, o traidor de Cristo. O remorso dele e a sua incapacidade de compensar o seu pecado custou-lhe a vida tirada por suas próprias mãos:

> Quando Judas, que o havia traído, viu que Jesus fora condenado, foi tomado de remorso e devolveu aos chefes dos sacerdotes e aos líderes religiosos as trinta moedas de prata. E disse: "Pequei, pois traí sangue inocente."
>
> E eles retrucaram: "Que nos importa? A responsabilidade é sua." Então Judas jogou o dinheiro dentro do templo, saindo, foi e enforcou-se. (Mateus 27:3-5)

Por mais que tentemos pagar pelos nossos pecados por conta própria — por mais tempo que dediquemos a querer expiá-los pessoalmente —, nunca será suficiente. Nunca seremos capazes de expurgar completamente a nossa culpa e os nossos sentimentos de inadequação. Nenhuma quantidade de súplicas, sofrimento ou ódio por nós mesmos poderá realizar esse trabalho. Só existe um que pode tirar o pecado. Precisamos de um Salvador.

Passo 4: Ter o seu pecado retirado de você

Jamais esquecerei o dia em que fiquei encharcada de lágrimas ao pé da cruz, e senti o amor de Deus se estender e retirar o meu fardo das minhas costas. Eu havia passado duas semanas no hospital enfrentando cada centímetro da vergonha que me pesara por anos. Ela era avassaladora, e assim como Mendoza, eu estava exausta. Diferente de mim, Mendoza estava oprimido pela culpa por um crime que ele cometera, mas descobri que, quer tenhamos tomado o fardo da vergonha por nós mesmos ou quer ele tenha sido colocado sobre nós por outra pessoa, o peso é o mesmo.

Perguntei ao médico se eu poderia sair da clínica por três horas para ir à igreja. Ele concordou, e uma jovem enfermeira me levou. Nós nos sentamos na última fila de uma pequena igreja em Washington, D.C. A luz do sol de outono fluía através dos vitrais das janelas, e eu me senti como se estivesse em terra santa. Ouvi enquanto o pastor disse (eu parafraseio de memória): "Alguns de vocês aqui hoje se sentem como se estivessem mortos por dentro. Você já pode sentir a terra sendo amontoada sobre o seu caixão. Mas Jesus está aqui! Você nem precisa tirar a si mesmo do poço. Apenas estenda a mão, e ele o segurará."

Eu nunca havia ido até a frente de uma igreja antes, mas naquela manhã corri para o altar e me prostrei ao pé da cruz. As palavras de um velho hino passavam pela minha mente: "Nada em minhas mãos eu trago, simplesmente à tua cruz me apego."

Enquanto estava prostrada ali com lágrimas descendo pelo meu rosto, senti-me mais amada do que já havia me sentido em minha na vida. Eu me sentia como uma filha que estava perdida e, de repente, foi apanhada pelos braços de seu pai. Entendi o riso de Mendoza quando o nativo cortou o fardo de suas costas, porque quando você carregou algo por tanto tempo e de repente, em um instante, aquilo é retirado, você fica cheio de lágrimas e de riso.

Orar para aceitar e confessar final e completamente a verdade de tudo que Jesus fez por nós na cruz é um sentimento simplesmente maravilhoso. Como Bernard de Clairvaux descreveu:

> Para envergonhar nossos pecados ele ficou vermelho de sangue;
> Ele fechou os olhos para nos mostrar Deus;
> Que o mundo inteiro se prostre e saiba
> Que nenhum senão Deus pode demonstrar tal amor.

A confissão é um dom de Deus. É um dom de graça e misericórdia em um mundo falido. Para sentir a profundidade da alegria que Deus quer para os seus filhos, temos de sentir o peso do nosso pecado e sofrer pelo que ele custou para Deus. Mas não podemos nos perder na dor, no remorso e nos sentimentos de indignidade. Em vez disso, como Rodrigo Mendoza, podemos olhar no rosto do nosso libertador, e rir enquanto o nosso fardo cai.

Na cruz, na cruz onde pela primeira vez vi a luz,
E o fardo do meu coração caiu,
Foi ali pela fé que recebi minha visão,
E agora sou feliz todo dia!

Este teu corpo morto, doce Jesus
E banhado no seu próprio sangue
Enquanto a marca firme da ira divina
Sua alma em angústia suportou.

Foi por crimes que eu havia cometido
Que ele gemeu sobre a cruz?
Piedade impressionante! Graça desconhecida!
E amor sem limites!

Bem poderia o sol em trevas se esconder
E encerrar suas glórias
Quando Cristo, o poderoso Criador morreu,
Pelo pecado das criaturas.

Assim eu poderia esconder meu rosto ruborizado
Enquanto a sua amada cruz aparece,
Dissolver meu coração em gratidão
E derreter meus olhos em lágrimas.

Mas gotas de tristeza nunca poderão pagar
A dívida de amor que tenho:
Aqui, Senhor, eu me entrego
É tudo que posso fazer.

— Isaac Watts

14

ORE "PARA A FRENTE"

O dom da perseverança

O essencial "no céu e na terra" é... que deve haver longa obediência na mesma direção; daí, portanto resulta, e sempre resultou no final das contas, algo que fez a vida valer a pena ser vivida.

— Friedrich Nietzsche, *Além do bem e do mal*

Nós, uma vez que estamos rodeados por tão grande nuvem de testemunhas, livremo-nos de tudo o que nos atrapalha e do pecado que nos envolve, e corramos com perseverança a corrida que nos é proposta, tendo os olhos fitos em Jesus, autor e consumador da nossa fé. Ele, pela alegria que lhe fora proposta, suportou a cruz, desprezando a vergonha, e assentou-se à direita do trono de Deus. Pensem bem naquele que suportou tal oposição dos pecadores contra si mesmo, para que vocês não se cansem nem se desanimem. (Hebreus 12:1-3)

Quando Christian tinha sete anos, recebeu uma fazenda de formigas pelo correio. Eu nunca tinha visto algo parecido, mas Christian havia observado uma na escola e estava muito empolgado. Ele abriu a caixa com muito cuidado, esperando que suas formigas estivessem lá dentro. Em vez disso, havia um endereço para solicitar o envio das formigas quando o seu formigário estivesse pronto.

Tudo bem, ia demorar um pouco, mas não era nada com o que não pudéssemos lidar. Mandamos pedir os bichos, e todos os dias

Christian verificava a caixa de correio para ver se as suas pequenas companheiras estavam lá, e quando finalmente chegaram, ele ficou em êxtase.

Elas estavam em um tubo de testes com instruções sobre como passá-las dali para a sua nova morada. Nós as depositamos muito cuidadosamente na fazenda e observamos.

Nada.

— O que está errado, mamãe? — perguntou Christian.

— Acho que elas estão cansadas da viagem — respondi olhando para o grupo mais letárgico de criaturas horripilantes que eu já havia visto em minha vida. — Espere até amanhã; elas estarão dançando por toda parte.

Mas o amanhã não foi muito melhor. Nem o dia seguinte. Concluí que haviam mandado para nós um monte de formigas geriátricas ou os membros mais deprimidos da colônia. Então coloquei a fazenda de formigas em uma estante na cozinha e nós nos esquecemos delas por alguns dias, até que eu estava limpando a cozinha e vi.

Puxa, que mudança! As formigas não apenas se animaram, como parecia que em um passe de mágica elas transformaram um monte de areia em Las Vegas! Foi impressionante ver o que aquelas pequenas criaturas fizeram.

Poderíamos aprender uma ou duas coisinhas observando-as, não é mesmo?

Observe a formiga!

O dr. Henry Cloud me disse uma vez como Deus usou formigas para ajudá-lo a escrever a sua tese de doutorado. Ele não tinha vontade de cuidar dessa enorme pesquisa e dissertação, então sempre adiava o trabalho, mas a data de entrega continuava se aproximando.

Um dia, ele ouviu Deus lhe dizer em seu espírito para ler determinado versículo de Provérbios: "Observe a formiga, preguiçoso, reflita nos caminhos dela e seja sábio!" (6:6).

Henry ficou um pouco irritado com a palavra "preguiçoso", até que percebeu que um dos seus significados é "alguém que quer evitar a dor". Então comprou uma fazenda de formigas para observar como a formiga poderia ajudá-lo em sua tarefa avassaladora. No início, ele também não ficou muito impressionado... até que, duas semanas depois de chegarem, elas construíram uma cidade inteira — um grão de areia por vez.

A perseverança é uma disciplina difícil de ser aprendida. Tenho dificuldades com ela de muitas maneiras. Por exemplo, em minha despensa, tenho os alimentos básicos de cerca de cinco dietas. Começo uma por alguns dias, e depois fico enjoada e decido que ela não funciona e troco por outra. Quando fico entediada com ela, lanço-me em outra, e depois em outra.

A triste conclusão a que cheguei é que todos os programas de dieta que possuo funcionam — sou *eu* que não consigo! Quando eu estava na faixa dos vinte anos, eu podia ficar sem almoçar e perdia dois quilos. Agora, tenho de ficar sem almoçar a primavera inteira!

No que se refere à nossa vida de oração, entretanto, o que a formiga tem a nos ensinar? Creio que a sua vida e a sua ética de trabalho nos passam muitos princípios. Devemos aspirar a ser perseverantes — como era uma mulher que conheço.

Perseverança na oração

Em uma conferência do Women of Faith há pouco tempo, uma garota segurando um retrato me perguntou:

— Você se lembra dela?

Olhei para a foto de uma mulher que parecia ter por volta da minha idade, e fiquei grata porque eu realmente me lembrava dela. Ela havia frequentado as conferências por alguns anos e sempre me pedia para orar por sua filha.

— Sim — disse eu. — Ela é sua mãe?

— Sim — respondeu. — Ela morreu há alguns meses.

— Sinto muito — disse, entristecida por aquela mulher vibrante ter partido.

— Eu estava arrumando as coisas dela e encontrei o seu livro — contou ela enquanto lágrimas grossas começavam a descer pelo seu rosto. — Nele havia um convite para a conferência deste ano, então vim no lugar dela.

Nós nos abraçamos por alguns instantes e, quando ela se virou para partir, me chamou de volta:

— Vejo você no ano que vem!

Durante anos sua mãe foi uma pequena formiga fiel. Todos os dias ela levava um pedido de oração por sua filha diante do Senhor e amontoava um sobre o outro. Agora, era eu quem podia ver a cidade que ela estava construindo, tudo porque ela não desistiu. Manteve a sua longa obediência na mesma direção e foi recompensada.

Jesus contou uma parábola para ilustrar a importância de nunca desistir em oração.

> Jesus contou aos seus discípulos uma parábola, para mostrar-lhes que eles deviam orar sempre e nunca desanimar. Ele disse: "Em certa cidade havia um juiz que não temia a Deus nem se importava com os homens. E havia naquela cidade uma viúva que se dirigia continuamente a ele, suplicando-lhe: 'Faze-me justiça contra o meu adversário.' Por algum tempo ele se recusou. Mas finalmente disse a si mesmo: 'Embora eu não tema a Deus e nem me importe com os homens, esta viúva está me aborrecendo; vou fazer-lhe justiça para que ela não venha me importunar.'" E o Senhor continuou: "Ouçam o que diz o juiz injusto. Acaso Deus não fará justiça aos seus escolhidos, que clamam a ele dia e noite? Continuará fazendo-os esperar? Eu lhes digo: ele lhes fará justiça, e depressa. Contudo, quando o Filho do homem vier, encontrará fé na terra?" (Lucas 18:1-8)

A pergunta que Jesus fez aos que estavam ouvindo é muito relevante para nós: quanto desse tipo de fé perseverante ele encontrará quando voltar? É fácil desanimar quando não recebemos uma resposta às nossas orações ou não vemos qualquer sinal de mudança. Mas Jesus diz: "Não desistam. Se um juiz velho, rabugento e ímpio acaba por atender apenas porque quer voltar a dormir, quanto mais Deus, o nosso Pai amoroso, lhes dará o que vocês pedirem?"

Não desista

Em seu livro *A Long Obedience in the Same Direction* [Uma longa obediência na mesma direção], Eugene Peterson descreve a vida como uma jornada, uma peregrinação na qual trilhamos um passo após o outro.[1] O princípio de "uma longa obediência na mesma direção" é relacionado a muitas áreas nas quais as pessoas são bem-sucedidas.

Os Vigilantes do Peso têm sido uma empresa de sucesso há mais de 45 anos. Foi fundado nos anos 1960 como um grupo de discussão para aqueles que tinham dificuldades com seu peso. Agora atua em mais de trinta países ao redor do mundo. A filosofia básica é que se você continuar dando passos na direção certa, eventualmente chegará ao seu objetivo.

Ironicamente, aquilo que lhes garante o sucesso foi o que me manteve longe: devagar e sempre! Estou sempre procurando alguma dieta de efeito rápido, embora se eu usar meu cérebro eu saiba que as mudanças de estilo de vida "devagar e sempre", na verdade, me levem ao que desejo.

O que há conosco que sempre nos leva a desejar uma varinha mágica para não termos de fazer o trabalho árduo?

O pastor Martin trabalhou com as pessoas no Alcoólicos Anônimos por muitos anos. Em uma de suas palestras por vídeo, ele fala a respeito de um homem que o procurou e disse:

— Pastor, sou um alcoólatra inveterado. Tenho bebido um litro de vodca, quatro litros de vinho e uma caixa de cerveja todos os dias durante os últimos vinte anos. Tenho lido muitas histórias na Bíblia ultimamente, e sei que Jesus é o Senhor do impossível. Portanto, ore por mim e diga a Jesus para me libertar desse cativeiro.

O pastor Martin respondeu:

— Tenho uma ideia melhor. Vá aos Alcoólicos Anônimos, participe de noventa reuniões em noventa dias, encontre um padrinho, siga diligentemente os 12 passos sob a direção dele, e leia o Grande Livro todos os dias. Em outras palavras: dedique-se severamente.[2]

Existem muitos exemplos na Bíblia e ao longo da história cristã da eficácia da dedicação fiel, mesmo em meio a situações difíceis. Talvez um dos mais conhecidos seja o de Monica, mãe do grande escritor e teólogo do século IV, Agostinho. Monica tinha um casamento muito difícil, mas estava determinada a não permitir que seus três filhos sofressem por causa disso. Ela garantiu que Agostinho pudesse frequentar as melhores escolas e ter todas as vantagens que seriam oferecidas a qualquer criança. Sua maior oração era para que seus filhos chegassem a ter um relacionamento pessoal com Cristo. Em *Confissões*, Agostinho escreveu que sua mãe "chorava diante de Deus por mim, derramando mais lágrimas pela minha morte espiritual que as outras mães derramam pela morte física de um filho".

Monica tinha o trabalho feito sob medida para ela. Agostinho era um jovem muito rebelde, e estava se tornando um homem que se entregava livremente a todos os prazeres da carne. Sua mãe se desesperava ao se questionar se ele algum dia se transformaria, mas quando Monica levou suas preocupações a Ambrósio, bispo de Milão, este lhe disse: "Não é possível que o filho dessas lágrimas se perca."

E assim Monica orava. Finalmente, quando Agostinho tinha 32 anos, ele entregou sua vida a Cristo. Durante os anos anteriores, Monica voltou o seu rosto obedientemente para a mesma direção, e nunca desistiu, e, quando Agostinho enfim se converteu à fé cristã, tornou-se conhecido como um defensor da verdade e um dos exemplos permanentes de fé para nós atualmente.

Outro exemplo de perseverança em oração é a mulher Sunamita cuja história é contada na Bíblia (2Reis 4:8-37). Ela era uma mulher rica que, muitas vezes, hospedou o profeta Eliseu, sabendo que ele era um santo homem de Deus. Depois de algum tempo, ela disse a seu marido que gostaria de lhe dar o seu próprio espaço na casa deles, onde pudesse ter privacidade e descanso. Ela foi muito boa para Eliseu, e por isso ele quis fazer alguma coisa por ela. Então ele perguntou se poderia dizer coisas boas ao seu respeito para o rei, mas ela agradeceu e disse que não.

Então alguém disse a Eliseu que o sofrimento particular dela era o fato de não ter um filho e seu marido estar velho. Eliseu lhe disse que dentro de um ano ela teria o seu menino, e foi o que aconteceu.

A vida parecia perfeita até que um dia, quando ainda era apenas um menino, seu filho ficou gravemente doente enquanto estava nos campos com o seu pai. Eles o mandaram de volta para casa imediatamente, junto de sua mãe. Ela o segurou nos braços por algumas horas, e então o menino morreu.

Aquela mulher pegou o corpo de seu filho amado e o deitou na cama que eles mantinham para Eliseu quando ele passava pela região. Ela chamou um servo, pegou uma mula e saiu para encontrar Eliseu, que estava ministrando no monte Carmelo. De alguma forma, aquela mulher acreditava que por intermédio daquele santo homem Deus lhe dera o impossível, e então a resposta que ela precisava deveria também estar com ele.

Quando Eliseu ouviu o que havia acontecido, voltou para a casa dela e se fechou no quarto a sós com o menino; clamou a Deus para que ele trouxesse vida àquele filho morto. Deus ouviu as orações dele e devolveu a vida ao menino.

Talvez você questione por que eu incluiria uma história como essa. Sim, sei que é um milagre bíblico que poucos de nós experimentaríamos, mas há uma lição mais profunda aqui também. No livro de D.L. Moody, *The Joy of Answered Prayer* [A alegria da oração atendida], ele cita essa história e encoraja aqueles cujos entes queridos parecem "mortos em suas transgressões e pecados" a nunca pararem de orar, porque Deus pode soprar nova vida quando parece que tudo morreu.[3]

Refletindo sobre sua própria vida, quais são os lugares em que você desistiu de ter esperança? Pode ser que você tenha desistido de orar para que um ente querido encontre Cristo. Pode ser que tenha desistido de orar por um filho que se desviou da fé. Pode ser que tenha desistido de orar por si mesmo. Quantas de nós, mulheres, olhamos para uma área de nossas vidas que queremos mudar, mas parece difícil demais?

Avance o filme

No livro do dr. Henry Cloud, *Nine Things You Simply Must Do* [Nove coisas que você simplesmente precisa fazer], ele descreve o princípio de avançarmos o filme das nossas vidas.[4] Veja o exemplo de uma mulher que quer perder 25 ou cinquenta quilos: quando você olha para essa tarefa em números frios e severos, ela é assustadora. Mas se você avançar o filme seis meses ou um ano... onde está a mulher agora? Espera-se que prestes a atingir o seu objetivo, tendo se esforçado a cada dia.

E quanto a você? Onde gostaria de estar dentro de seis meses ou um ano? E como você vai chegar lá? Assim como a formiga pega um grão de areia e o move, depois o seguinte, e depois o seguinte — e, por causa da sua longa obediência na mesma direção, constrói uma cidade —, daqui a um ano, todos nós seremos diferentes. Não seremos os mesmos, mas temos a escolha de como teremos mudado, seja para melhor ou não.

Na sua vida espiritual, também, ao "fazer o filme avançar", onde você quer estar daqui a um ano? Se você quer crescer na sua fé, estar mais perto de Deus e ser mais ousado nas suas orações, então siga dia a dia o exemplo da pequena formiga e volte o seu rosto para essa direção passando um tempo com a Palavra de Deus e em adoração e oração todos os dias. Entenda que isso pode demorar, assim como as demais coisas boas, mas tudo bem, porque a jornada vale a pena.

Sei disso, por experiência própria. Não estou dizendo que essa questão da perseverança está totalmente resolvida em minha vida. Eu poderia aprender uma coisa ou duas com Christian sobre esse assunto. Amo o otimismo de meu filho. Tenho a tendência de ter uma reação negativa a novos desafios, mas ele tem uma reação avassaladoramente positiva. Quando seu treinador de futebol decidiu que na temporada de 2007 Christian deveria ser o goleiro do time, caí de joelhos em oração! Ele caiu de joelhos com confiança. Ele nunca quisera ser goleiro antes, mas isso não pareceu incomodá-lo.

O treinador me disse que havia uma preparação para goleiros às quartas-feiras à noite e que isso poderia ajudar Christian com a nova posição. Perguntei-lhe o que achava, e ele respondeu:

— Acho que posso passar muito bem sem isso, mãe, mas, se fizer você se sentir melhor, então irei.

Garanti-lhe que o faria. Então, na quarta-feira à noite, ali estava eu na lateral do campo sentada na minha cadeira dobrável de dez dólares torcendo por ele.

Foi claramente mais difícil do que ele esperava — Christian deixou passar uma infinidade de bolas. Quando o apito final tocou, ele andou na minha direção e disse com o rosto sério:

— Isso pode levar algum tempo!

É assim que as coisas são. Tudo que tem valor vale o comprometimento e a obediência deliberados e diários. Sei que não é fácil, mas simplesmente dê o primeiro passo, depois o seguinte, e o seguinte, e antes que você se dê conta estará muito mais à frente na estrada. Assuma o compromisso de que em nome de Jesus, e por amor a ele, você embarcará em uma longa jornada de obediência na mesma direção.

Deus responde à oração, ó não duvides dele;
Deus responde à oração, creia na sua Palavra;
Deus responde à oração, agora se arrisque com ele;
A sua Palavra resistiu ao teste do tempo.

Deus responde à oração, ó alma, creia nele;
Deus responde à oração, provei que ele é fiel!
Deus responde à oração, agora se arrisque com ele;
Ele me atendeu, ele vai atender você.

Deus responde à oração, não temas confiar nele;
Deus responde à oração, ele anseia por salvar:
Deus responde à oração, olhe para cima crendo,
Para isto ele deu o seu único Filho.

Deus responde à oração, ó filho tão cansado;
Deus responde à oração, puro deves ser:
Deus responde à oração, seu sangue socorre;
Do ego e do pecado ele o libertará.

Deus responde à oração, ouso crer nisso,
Deus responde à oração, ó louvo o seu nome;
Deus responde à oração, e neste momento,
Seu amor incendeia todo o meu coração.

Deus responde à oração em tempos de provas;
Deus responde à oração quando tudo parece escuro;
Deus responde à oração, ele o guiará em segurança,
Ele ama e "conhece o seu caminho".

— George Bennard

15
INEBRIADO PELA GRATIDÃO
O dom da gratidão

Se a única oração que você tivesse feito em toda a sua vida fosse "obrigado", isso bastaria.
— Meister Eckhart

Aclamem o Senhor todos os habitantes da terra! Prestem culto ao Senhor com alegria; entrem na sua presença com cânticos alegres. Reconheçam que ele é o nosso Deus. Ele nos fez e somos dele: somos o seu povo, e rebanho do seu pastoreio. Entrem por suas portas com ações de graças, e em seus átrios, com louvor; dêem-lhe graças e bendigam o seu nome. Pois o Senhor é bom e o seu amor leal é eterno; a sua fidelidade permanece por todas as gerações. (Salmos 100)

Na noite passada, tivemos uma tempestade aqui em Frisco, Texas. O céu ficou escuro e o vento levantou as almofadas dos nossos móveis de jardim e as doou aos nossos vizinhos. Os trovões começaram como um retumbar suave, como uma orquestra se afinando antes de o maestro tomar o seu lugar no pódio. O engenheiro de iluminação fez um teste rápido para se certificar de que todas as áreas desse enorme palco estavam cobertas. E então houve um instante de silêncio.

Eu estava sentada na cama com as cortinas que cobrem a nossa janela abertas, só esperando. Nossos dois cachorros, Tink e Belle, dormiam profundamente, um no meu travesseiro e o outro aos meus pés. Então, sem maiores apresentações ou preâmbulos, o show começou. A televisão estava ligada ao fundo, mas em um instante a tela ficou escura quando o sinal de satélite foi interrompido. Só havia lugar para um show na cidade.

Raios dividiam o céu em dois, e os trovões pareciam sacudir a casa. Belle saltou da cama tão depressa que caiu dela, e Tink ficou aos pés da cama latindo para o céu enquanto o vento chicoteava as árvores e as fazia dançar freneticamente, enquanto a chuva fustigava nossas janelas.

Foi espetacular. Duas formas de raios competiam como fogos de artifício em um duelo. Alguns iluminavam todo o céu, como se Deus tivesse ligado um interruptor central na esfera celestial, e, outros, rasgavam o céu de alto a baixo como o brilho de uma espada.

Isso durou cerca de uma hora. E então, tão depressa como começou, o show terminou. Coloquei minhas botas e uma jaqueta sobre meu pijama e fui para fora recuperar nossas coisas espalhadas em diversos quintais. Antes que eu começasse, porém, fiquei em pé no meio do jardim e aplaudi a Deus.

Sim, Deus!

Você já teve algum momento assim, em que fica tão cheio de assombro com a grandeza e o poder de Deus que tudo o que pode fazer é orar "Sim, Deus!"? Toda sexta-feira à noite, em nossas conferências, fico observando o milagre da gratidão e da adoração transformando mulheres exaustas em filhas satisfeitas. Fiz alusão a isso em um capítulo anterior, mas fico tão encantada com essas mulheres maravilhosas que passam o fim de semana conosco que vale a pena repetir: é preciso muito para uma mulher separar dois dias para si mesma. Se ela tiver uma família, ela precisa planejar os cuidados com as crianças e as refeições. Jimmy tem treino de beisebol, quem irá levá-lo? Sara tem consulta no dentista e o cachorro precisa ser levado ao pet shop... Há muitas coisas que uma mulher faz que precisam ser resolvidas antes que ela possa abrir o caminho até aquele assento em uma sexta à noite e desabar na cadeira com um suspiro de alívio.

Quando a equipe de louvor começa a tomar lugar no palco e convida as mulheres a se levantarem, amo estar no fundo da arena e observar os rostos. Em geral, escolho uma mulher e me concentro nela, e imagino o diálogo interior que está ocorrendo:

— Você poderia se colocar em pé conosco, para adorarmos a Deus juntos?

— Em pé? Senhora, você está brincando? Esta é a primeira vez que me sento em uma semana! Eu me pergunto se devo ligar para casa e ver se está tudo correndo bem! Não, eu disse que não faria isso desta vez. Este tempo é meu; trabalho duro e mereço um intervalo. Mas e se Bob se esquecer de pegar o cachorro? Eles vão nos cobrar uma taxa pelo pernoite, e Sara vai ficar muito chateada. Tudo bem, vamos lá, pare com isso, Linda, simplesmente relaxe. Será que alguém tem chiclete? Estou morrendo de fome... Eu... Eu... Ah, eu amo esta música!

Fico observando enquanto "Linda" se levanta e em alguns instantes é absorvida pela adoração. Tudo em sua vida ainda continua do mesmo jeito. Sua família vai superar a sua ausência. Bob vai se esquecer de pegar Jimmy depois do treino, mas vai pegar o cachorro... e pedir pizza em vez de aquecer o jantar que Linda deixou. Ela terá de atender a ligação na segunda-feira de manhã que lhe dirá que ela precisa ir para uma visita de acompanhamento depois da sua última mamografia. Mas por ora Linda está envolvida no que é mais real do que qualquer coisa: ela está amando e sendo amada por seu Pai e recebendo força para tudo o que vem pela frente. Enquanto a adoração continua e ela percebe que faz parte das 15 mil mulheres que adoram juntas, do mais profundo do seu interior vem uma oração de cura de uma enorme gratidão: "Obrigada!" Seu rosto é elevado do peso das "coisas" que ela deixou em casa e é atraído a olhar para o seu Pai. Ela esquece por um instante tudo que poderia estar errado com a sua vida e se lembra do que é sempre verdade: ela é amada e não está sozinha. A adoração é gratidão em carne e osso.

Por que a gratidão é tão importante? Ela se tornou de certa forma o jargão em voga na nossa cultura. Se você procurar a palavra "gratidão" no Google, ficará impressionado com o que aparece. Existem movimentos inteiros dedicados a essa emoção. Vi uma página da internet que está querendo reunir um milhão de pessoas em todo o mundo que se comprometam em dedicar um tempo todos os dias para a gratidão deliberada. O site não está ligado à fé pessoal em

Deus; é apenas um encorajamento para se optar diariamente por uma atitude de gratidão. Enquanto eu lia os textos deles, não pude deixar de perguntar: "A quem vocês estão agradecendo?"

A gratidão não é um conceito flutuante. Ela precisa estar ligada a alguma coisa ou a alguém antes de fazer algum sentido.

Uma das primeiras coisas que ensinamos a Christian quando ele era um garotinho foi que, quando ele disser obrigado a alguém, deve olhar a pessoa nos olhos em vez de resmungar essa palavra para os seus joelhos. E quando escrever suas notas de agradecimento (o calvário da vida de toda mãe!) depois da sua festa de aniversário, ele deve agradecer a cada pessoa pelo presente específico.

Quando Christian fez seis anos, demos uma grande festa em nossa casa com todos os seus colegas do segundo ano e da vizinhança. Antes de os convidados chegarem passei para ele a minha filosofia de gratidão:

— Hoje você vai receber muitos presentes. De alguns deles você vai gostar, outros você vai achar bobos, e outros você já tem. Caso haja repetidos, veremos isso depois. O que importa agora é que você agradeça a cada pessoa, lembrando-se de que o presente vem do coração, quer você goste dele ou não.

O primeiro presente que Christian abriu, ele já tinha, mas ele olhou para a pessoa que o deu e disse:

— Gostei muito! Obrigado!

Então ele o colocou de lado, veio até mim, e sussurrou no meu ouvido:

— Como estou me saindo?

Que gracinha!

Seja grato em todas as situações

Amo este encorajamento da carta de Paulo à igreja de Filipos:

> Alegrem-se sempre no Senhor. Novamente direi: alegrem-se! Seja a amabilidade de vocês conhecida por todos. Perto está o Senhor. Não andem ansiosos por coisa alguma, mas em tudo, pela oração e súplicas, e com ação de graças, apresentem seus pedidos a Deus. E a paz de Deus, que excede todo o entendimento, guardará os seus corações e as suas mentes em Cristo Jesus. (Filipenses 4:4-7)

Decorei esses versículos há muitos anos, mas na minha mente eu os classificara como os meus versículos destinados a "não me preocupar", até que Ruth Graham ajudou-me a expandir a minha percepção. Fiquei hospedada na sua casa depois de gravar duas entrevistas com Ruth e o dr. Billy Graham. Ela e eu estávamos sentadas junto à lareira naquela noite conversando sobre passagens e livros favoritos da Bíblia, e Ruth me disse que esse texto específico a havia ajudado em muitas ocasiões a ser grata em meio a uma tempestade.

Enquanto conversávamos, ela expôs seus pensamentos e falou sobre a importância de agradecer a Deus assim como de levar a ele os nossos pedidos. Como mãe, ela disse que, quando um de seus filhos estava passando por um momento difícil, ela orava com lágrimas para que Deus interviesse, focando somente no problema em questão e na necessidade do cuidado de Deus. Mas à medida que ela estudava o texto, Deus iluminou em seu coração a importância das ações de graças mesmo em meio à dificuldade.

Esse conhecimento, ela me confidenciou, mudou tudo para ela.

Ele mudou as coisas para mim também, e tem sido libertador! Esse tipo de oração diz a Deus: "Embora eu ainda não tenha uma resposta, confio em ti. Tu és bom, e és Deus em todas as situações."

Aprendi essa lição no local em que acreditei que não aprenderia: um hospital psiquiátrico. Mencionei (e escrevi sobre isso em outros livros) minha luta contra a depressão e o tempo que passei internada para tratá-la.[1] Certa noite, enquanto eu era paciente ali, o setor de enfermagem atendeu um telefonema para mim de alguém que eu não conhecia. A enfermeira perguntou se eu sabia quem era a pessoa que havia telefonado, e eu respondi que não.

Se você ligar para uma ala psiquiátrica e mandar chamar um paciente, o hospital não informará que essa pessoa é realmente um paciente. O que o hospital faz é fornecer uma linha particular para o uso deles, e eles podem dar o número dessa linha aos amigos e à família se desejarem. Mais tarde, naquela noite, o telefone tocou. Alguém atendeu e disse que era para mim. Fiquei surpresa porque a única pessoa a quem eu dera o número havia sido minha mãe e eu sabia que àquela hora, com a diferença de fuso horário, a Escócia estava no meio da noite. Então imediatamente temi o pior e presumi que algo acontecera a alguém da minha família.

Atendi ao telefone, e uma voz estranha perguntou se eu era a Sheila Walsh da televisão. Fiquei impressionada com a pergunta, mas devo ter respondido que sim, por causa da crítica pungente que se seguiu. Aquele homem desconhecido me disse que eu era uma desgraça para o corpo de Cristo e que ele faria tudo que estivesse em seu poder para dizer às pessoas o quanto fosse possível que eu estava em uma instituição para doentes mentais dopada com drogas.

Você pode imaginar o quanto eu fiquei arrasada com o ódio dele. Desliguei o telefone e caí de joelhos enquanto soluços rasgavam o meu corpo. Tudo o que aquele homem dissera confirmava o que eu já pensava a meu respeito. Eu me sentia fraca, e uma decepção. Eu sentia vergonha por simplesmente não conseguir sair do poço em que estava. (Mais tarde descobri que um dos outros pacientes contou à sua família que eu estava internada ali, e a notícia espalhou-se na igreja dele até chegar ao sr. Feliz!) Com suas palavras, aquele estranho tomou cada pensamento secreto que ecoava pelo porão da minha alma e o colou em uma parede diante de mim para que eu não pudesse mais ignorar o que acreditava ser verdade.

E, embora isso me doesse tremendamente na época, sou profundamente grata por esse presente.

Agora, antes que você pense que talvez eu precise de outra pequena viagem até a ala psiquiátrica com trancas nas janelas, deixe-me explicar o que quero dizer, por que acredito que viver com um coração grato, haja o que houver, transformará a sua vida. Aquela experiência terrível veio de um cristão julgador e insensível, mas meu Pai, Deus, pegou-a e a usou para o bem. Tudo o que aquele homem disse eu já havia pensado, mas não ousava dizer em voz alta. Eu podia achar que tinha tudo bem-encoberto, mas o que está dentro de nós irá nos afetar até que lidemos com essas coisas, quer gostemos, quer não. E, enquanto aqueles sentimentos estavam enterrados dentro de mim, continuavam a emitir o seu veneno peculiar. Com eles todos sobre a mesa de uma maneira que me levou a me prostrar de joelhos, Deus — com a ajuda de alguns médicos e enfermeiros cristãos maravilhosos — podia começar a me curar da vergonha que não me pertencia.

Eis minha posição quando olho para a minha vida atualmente. Creio que Deus é soberano em todo o tempo. Nada — absolutamente nada — que acontece na sua vida ou na minha vida é surpresa para ele. Tudo tem de passar pelas suas mãos de misericórdia. Agora, muitas vezes nós não conseguimos prever o que vai acontecer, de modo que as coisas nos derrubam. Mas, mesmo nesse lugar de prostração, enquanto cambaleamos devido ao que acabou de acontecer, podemos agradecer.

Não estou sugerindo que simplesmente nos levantemos e neguemos o fato, como se nada tivesse acontecido. Absolutamente! O que estou dizendo é que mesmo em alguns dos momentos mais dolorosos da vida, no mais profundo do meu espírito, agradeço a Deus. Agradeço a Deus porque ele sabia que isso estava prestes a acontecer e providenciou tudo que precisei para passar pela situação. Há um ditado que diz que ou somos vítimas deste mundo, ou não somos. Se Cristo não tivesse vindo e levado todo o pecado e todo o ódio sobre ele, não haveria esperança para nós, mas ele veio, morreu e ressuscitou dos mortos, portanto não somos vítimas!

Uma de minhas amigas queridas entende isso. O nome dela é Evelyn Husband [que em português significa "marido"] — e gosto de brincar com ela por causa disso: "O pastor lhe perguntou: 'Você aceita o "sr. Marido" como seu marido?'" Embora ela tenha um senso de humor maravilhoso e seja gentil o bastante para rir da minha pergunta antiquada, ela também passou por maus momentos.

Talvez você se lembre da história dela: Rick Husband foi um astronauta da NASA em Houston, Texas. Ele morreu em 1º de fevereiro de 2003, sobre a parte sul dos Estados Unidos, quando a nave espacial Columbia e sua tripulação pereceram durante a reentrada na atmosfera, 16 minutos antes da aterrissagem prevista. Evelyn esperava junto à faixa de aterrissagem com a sua filha, Laura, e seu filho, Matthew. Eles viram a contagem regressiva — e quando ela chegou a zero e começou a contagem progressiva outra vez, Evelyn soube que algo terrível havia acontecido. Mas ela diz que mesmo naquele instante se viu agradecendo a Deus por todos os versículos que ela e seus filhos tinham gravados em seus corações e em suas almas. Nos dias e nas semanas que se seguiram, algumas das esposas dos astronautas foram entrevistadas em rede nacional, e a fé de Evelyn se destacou como um diamante lapidado em meio à noite escura em que ela estava.

Quando Evelyn foi como convidada no Women of Faith no ano seguinte, ela nos disse que o Salmo 23 havia assumido um novo significado para ela: "Ainda que eu ande pelo vale da sombra da morte, não temerei mal nenhum, porque tu estás comigo; o teu bordão e o teu cajado me consolam" (Salmos 23:4, ARA). Eleanor nos lembrou de que para haver sombra, é preciso que haja luz — que não é possível lançar uma sombra em meio à escuridão completa. Por causa do sacrifício de Cristo, Evelyn, Laura e Matthew podiam andar — e algumas vezes rastejar — em direção à cura, sempre na companhia do Pastor. Por isso eles eram eternamente gratos.

Um diário de gratidão

Não sei como está a sua vida hoje, se você diria que está vivendo os melhores dias ou os mais difíceis — ou, talvez, como eu, uma mistura de ambos. Sugiro que comece a fazer um diário de gratidão. Esse não é um diário de oração, o que obviamente é algo maravilhoso de se fazer e que pode enriquecer grandemente a sua vida de oração. Ao contrário, esse é apenas para anotar todas as coisas pelas quais você é grato. O nosso diário de oração reflete os nossos pedidos, mas o de gratidão deve conter a maneira como Deus atendeu às nossas orações, ou pode ser simplesmente uma porta de entrada para a adoração e o assombro diante das coisas que Deus fez. Acho muito útil usar meu diário de gratidão em oração. Ele me dá um relato por escrito da fidelidade e da bondade de Deus. Amo lembrar a Deus todas as grandes coisas que ele fez!

Talvez você pense que, se acrescentar mais uma coisa à sua lista de tarefas isso o levará ao limite, e você me telefonará para perguntar o nome do hospital psiquiátrico com trancas nas janelas! Relaxe, essa não é uma tarefa difícil. Apenas mantenha qualquer tipo de diário junto à sua cama, e todas as noites, anote três coisas pelas quais você é grato. Pode ser por uma passagem da Bíblia que você leu ou por uma amiga que telefonou para iluminar o seu dia. Pode ser porque quando alguém disse algo desagradável, você não deixou que isso criasse raízes em seu coração, mas jogou tudo no lixo. Pode ser por uma flor em seu jardim ou pelo fato de que sua filha percebeu que existe um cesto de roupa suja e conseguiu colocar as meias sujas dela lá dentro. Você captou a mensagem, não é? É apenas uma maneira de tirar o foco de todas as coisas que não estão dando certo e agradecer a Deus por tudo o que está funcionando.

Mas mesmo se você optar por não escrever em um diário, separe algum tempo para estar consciente da misericórdia e do amor de

Deus. Abrace a oportunidade de ir a ele em oração sem qualquer grande necessidade ou preocupação, mas simplesmente para expressar a sua gratidão. A cada dia, em meio à loucura de tudo que você precisa fazer, reserve tempo para parar e muito deliberadamente voltar o rosto e o coração para o seu Pai e dizer obrigado! Quando fizer isso, faça desse momento a sua declaração de fé, de que haja o que houver naquele dia, Deus ainda está no trono e ele o segurará e lhe dará toda a graça de que você precisa.

> Como é bom render graças ao Senhor e cantar louvores ao teu nome, ó Altíssimo, anunciar de manhã o teu amor leal e de noite a tua fidelidade, ao som da lira de dez cordas e da cítara, e da melodia da harpa. Tu me alegras, Senhor, com os teus feitos; as obras das tuas mãos levam-me a cantar de alegria. Como são grandes as tuas obras, Senhor, como são profundos os teus propósitos! O insensato não entende, o tolo não vê que, embora os ímpios brotem como a erva e floresçam todos os malfeitores, serão destruídos para sempre. Pois tu, Senhor, és exaltado para sempre. Mas os teus inimigos, Senhor, os teus inimigos perecerão; serão dispersos todos os malfeitores! Tu aumentaste a minha força como a do boi selvagem; derramaste sobre mim óleo novo. Os meus olhos contemplaram a derrota dos meus inimigos; os meus ouvidos escutaram a debandada dos meus maldosos agressores. Os justos florescerão como a palmeira, crescerão como o cedro do Líbano; plantados na casa do Senhor, florescerão nos átrios do nosso Deus. Mesmo na velhice darão fruto, permanecerão viçosos e verdejantes, para proclamar que o Senhor é justo. Ele é a minha rocha; nele não há injustiça. (Salmo 92)

16

E DEUS SE ALEGROU

O dom da confiança

Coragem, irmão, não tropece, embora o teu caminho seja escuro como a noite, há uma estrela para guiar os humildes, confie em Deus, e faça o que é certo. Deixe que a estrada seja escura e assustadora e o seu fim esteja fora de vista. Enfrente-a bravamente, esteja forte ou cansado. Confie em Deus, e faça-o.

— Norman Schwarzkopf

Confie no Eterno do fundo do seu coração; não tente resolver tudo sozinho. Ouça a voz do Eterno em tudo que fizer, aonde for. Ele manterá você no melhor caminho. Não pense que você sabe tudo. Corra para o Eterno! Fuja do mal! Seu corpo irradiará saúde, seus ossos irão vibrar de tanta vida! (Provérbios 3:5-10, MSG)

Eu podia vê-lo através de minhas pálpebras fechadas. (As mães de meninos pequenos podem fazer isso.) Ele devia estar a 15 centímetros do meu rosto — olhando, esperando. Abri um olho.

— Mãe, você está acordada! — gritou ele enquanto saltava para a minha cama e lançava seus braços em torno do meu pescoço. — Parabéns pra você, nesta data querida. Muitas felicidades, muitos anos de vida!

— Isso foi lindo! — disse eu.

— Estamos só você e eu, mãe — anunciou meu filho com um júbilo óbvio.

— Papai levou Belle ao pet shop e depois ele vai pegar o seu bolo, que é uma surpresa.

— Aparentemente não! — disse.

— Você quer o seu presente agora? — perguntou ele.

— Você não acha que seria mais divertido esperar o papai voltar? — sugeri.

— Papai já o viu — respondeu Christian. — Além disso, não tenho certeza de que consigo esperar.

Durante dias ele vinha dando dicas sobre o meu presente. A última foi "concreto derramado". Eu não fazia ideia do que ele poderia estar fazendo que precisava de concreto derramado.

— É um tijolo, não é?

Na noite anterior ao meu aniversário fiquei querendo adivinhar enquanto Christian estava na banheira coberto de bolhas de sabão até as sobrancelhas.

— Você fez um tijolo só para mim!

— Mãe! Não é um tijolo — disse ele em um tom que me fez imaginar ele revirando os olhos debaixo da espuma.

— É uma estátua de... do... Hamtaro — disse eu, secando uma lágrima de mentirinha do meu olho diante da ideia de uma estátua do nosso *hamster*.

— Não, mãe, fala sério. Talvez quando ele morrer, mas não enquanto ele ainda estiver correndo por aí.

— Tudo bem. Eu amaria ver o meu presente agora.

— Venha cá, mãe. Está no meu quarto!

Sentei-me e passei os dedos pelo cabelo. Meu pescoço parecia estar travado e minhas costas estavam duras. Pensei nos dias em que eu acordava e saltava para fora da cama com expectativa diante do dia à minha frente. E então percebi que eu realmente não me lembrava de nenhum.

Segui Christian até seu quarto no andar de cima. Antes de chegarmos à porta, fomos atacados por uma interpretação rouca do que parecia "Give My Regards To Broadways" cantada por Ginger, um canário vermelho que mantemos em uma gaiola no quarto de Christian. De manhã ele fica eloquente e atrevido, e eu tento não culpá-lo por isso.

Ele também tem tido uma vida secreta interessante como decorador. Enquanto o restante da família está dormindo a sono solto, Ginger veste sua capa de artista e com sua boina preta colocada de lado sobre a cabeça, começa a trabalhar. Todas as manhãs, subo as escadas cheia de expectativa: "Será que vou encontrar pipoca doce nas paredes ou maçã no espelho?" "Haverá comida para pássaros jogada como um tapete persa pelo quarto?" "Ou ela estará colocada amorosamente como uma manta na cama de Christian?"

Ele nunca decepciona; temos de admirar isso em um pássaro.

Em seu quarto, Christian me pediu para me sentar no chão, fechar os olhos e estender as mãos. Quando ele colocou o seu presente nos meus braços estendidos, fiquei muito satisfeita por já estar sentada no chão porque eu cairia querendo ou não.

Abri os olhos e olhei para o presente dele enquanto ele dançava pelo quarto como James Brown. Era lindo. Era um mosaico de pedras para jardim que ele mesmo projetara. No centro, ele havia escrito "Eu te amo, mamãe".

— Escolhi todas as suas cores favoritas para as pedras, mãe — explicou ele. — Eu queria lhe dar algo que você pudesse ter para sempre, e queria que você soubesse que eu a amo. Assim, você pode ficar em pé sobre ela.

Enquanto escrevo isso, passa pela minha mente que, se eu não tivesse um filho, eu teria muito pouco sobre o que falar! Há tantos momentos no meu relacionamento com Christian em que Deus fala comigo. Não creio que isso seja por acaso. O relacionamento entre pais e filhos fundamenta-se na confiança. Quanto maior a confiança, mais aberta e livre a criança é.

O mesmo acontece com o nosso Pai: quanto mais confiamos nele, maior é a nossa liberdade.

Recebi o presente de Christian como um presente do coração de um menino e de um Pai amorosos, presentes do coração. Todas as vezes que olho para a pedra, fico profundamente comovida. Sou muito grata porque aos quarenta anos fui convidada para a aventura de ser mãe. Mais que isso, todas as vezes que olho para essa pedra, ouço meu Pai dizer: "Sheila, você pode confiar em mim. Estou aqui, e quando você não puder ver a minha mão, você tem a minha Palavra. Fique em pé firmando-se nela."

À medida que escrevia este livro, fui desafiada a dar uma olhada sincera no quanto confio em Deus.

Vivemos em um mundo visível. Embora eu creia que o mundo invisível, o Reino de Deus, é muito mais real, o mundo visível é o que vemos e aquilo com que lidamos todos os dias. Quando nos vemos diante de contas que não podemos pagar ou um diagnóstico que não esperávamos, é difícil lembrar que Deus está no controle e que podemos confiar nele todo o tempo. Vivemos em um mundo no qual somos bombardeados por mensagens sobre como cuidar da nossa saúde, da nossa família e do nosso futuro. Embora seja obviamente sábio usar o nosso bom senso e a nossa responsabilidade, no fim das contas nossas vidas estão nas mãos de Deus. Os médicos podem sugerir hipóteses bem-estudadas, mas Deus é aquele que tem contados os nossos fios de cabelo e sabe qual é a duração da nossa corrida. Os planejadores financeiros podem dar bons conselhos, mas somente Deus sabe o que o amanhã trará.

Esta é a grande notícia! Ele prometeu nos conduzir e nos guiar, e nos convida a irmos a ele em confiança simples. Como ouvi Max Lucado dizer: "Você nunca viveu um momento em sua vida em que não fosse amado."

O ABC DA FÉ

Recentemente, abri uma revista no consultório do meu médico e li um artigo sobre como se apresentar em uma conversa para impressionar a maioria das pessoas. O artigo recomendava ampliar o seu vocabulário e o seu conhecimento geral dos eventos mundiais para que você parecesse "bem-informado". Enquanto lia isso, pensei: "Sou tão grata porque podemos ir a Deus exatamente como somos."

Nem todos entendem que Deus nos recebe seja qual for a fase da nossa vida em que estejamos. Certa vez, uma jovem me escreveu e perguntou: "Como posso saber se Deus ouve as minhas orações? Não falo muito bem e não sei ler. Minhas orações podem ser anuladas?" A pergunta dela lembrou-me de uma história que li no livro de D.L. Moody, *The Joy of Answered Prayer* [A alegria da oração atendida].

A história é sobre um menino criado em um orfanato inglês. Aquelas instituições mencionadas nos livros de Charles Dickens eram para os mais pobres entre os pobres da Inglaterra vitoriana. Se você já viu o filme *Oliver*, inspirado no livro de Charles Dickens *Oliver Twist*, deve se lembrar de como esses orfanatos eram terríveis.

Aquele menino nunca aprendera a ler ou a escrever. Tudo que ele sabia eram as letras do alfabeto. Um dia, um pregador itinerante visitou as crianças e lhes disse que, se um dia elas estivessem com problemas, deveriam orar e Deus as atenderia e enviaria ajuda.

O menino finalmente encontrou um emprego e foi ser aprendiz de fazendeiro. Seu primeiro trabalho na fazenda era cuidar de algumas ovelhas. Por mais que tentasse, ele não conseguia mantê-las todas juntas. Lembrando-se das palavras do pregador, ele decidiu orar e pedir a Deus para ajudá-lo a controlar as ovelhas, então ele se ajoelhou no campo para orar.

Um homem passando pelo campo ouviu uma voz suave vindo detrás de uma cerca, e, quando olhou para ver quem era, viu o menino de joelhos, recitando o alfabeto: "A, B, C, D..." Perguntou o que ele estava fazendo, e o menino disse que estava orando.

O homem disse:

— Isto não é orar. Você está apenas recitando o alfabeto.

O menino lhe disse que não sabia orar, mas que acreditava que se desse a Deus tudo o que sabia, Deus poderia organizar as letras em uma oração por ele e lhe dar o que ele precisava.[1]

Uau! Ora, isso é fé. Isso é confiança. E creio que isso é oração!

O ponto é: Deus conhece você e o ama. Ele sabe o que você precisa antes que você diga uma palavra, mas o coração dele tem prazer quando você confia nele o suficiente para ajoelhar-se e derramar o seu coração. Esse é um presente de amor, e faz o coração do Pai se alegrar. Então, quando você tirar os joelhos do chão e continuar seguindo cada dia vivendo em comunhão com ele, entendendo que toda a sua vida pode ser um presente de oração aberta a Deus, incluindo-o em cada pensamento e em cada momento, que alegria para o coração do Pai! As suas orações não precisam ser inteligentes — longe disso. Deus receberá uma oração simples e vacilante a qualquer momento acima de palavras sofisticadas sem nenhum coração.

Na última vez em que dirigi a oração na capela da escola de Christian, eu disse às crianças que, às vezes, as orações mais simples são as mais poderosas. Quando você estiver em uma situação difícil ou cansado demais para orar, apenas diga o nome maravilhoso e adorável de Jesus.

A oração é o mais perto que podemos chegar de um retorno à vida no Éden. É o lugar onde podemos ser mais conhecidos, e estarmos mais nus e vulneráveis do que nunca diante de Deus.

Mas talvez você pergunte: como é isso nos momentos difíceis? Um dos exemplos mais poderosos de confiança no amor inabalável de Deus está no livro de Atos. Estou falando de Paulo e Silas quando eles foram espancados e lançados em uma cela de prisão em Filipos. Eles saíram para uma viagem missionária bem-sucedida, e depois de estarem na cidade por um dia foram despidos, espancados, e lançados em uma cela com os pés presos em toras de madeira. Podemos olhar para a cela de prisão deles à meia-noite e ter um vislumbre do que estava se passando.

> Por volta da meia-noite, Paulo e Silas estavam orando e cantando hinos a Deus; os outros presos os ouviam. De repente, houve um terremoto tão violento que os alicerces da prisão foram abalados. Imediatamente todas as portas se abriram, e as correntes de todos se soltaram. (Atos 16:25-26)

O que acho notável nessa história é que Paulo e Silas estavam no ponto mais escuro da noite, nas mais tenebrosas circunstâncias em que já haviam estado e, no entanto, eles estavam cantando. Por quê? Porque Paulo e Silas olharam para a única coisa que não mudara na situação deles: Deus. Tudo o mais ao redor deles tinha saído errado. Eles estavam com dor e suas vidas, ameaçadas, mas fixaram os olhos no que sabiam que era verdade no mundo invisível independentemente do que parecia verdade no mundo visível. Eles se firmaram na verdade de que Deus é bom o tempo todo e estava cuidando deles. Embora o anjo tenha libertado Paulo e Silas de suas cadeias, eles não tentaram fugir. Esperaram e puderam conduzir o carcereiro e toda a sua família à fé em Cristo.

Nem sempre podemos prever o comportamento dos outros, mas podemos sempre contar com o coração de Deus.

Enquanto escrevo estas palavras, sei que alguns de vocês estarão lendo-as nos melhores dias de suas vidas e outros nos piores. Alguns de vocês andaram com Deus por muitos anos e têm um registro da fidelidade dele em suas vidas. Outros podem ser cristãos relativamente novos, e a confiança, embora seja uma palavra tão pequena, pode parecer exigir um grande salto de fé. Mas, independentemente das circunstâncias da sua vida neste instante, oro para que você conheça a paz que vem de confiar que Deus o ama e está cuidando de você.

Em seu livro maravilhoso *A implacável ternura de Jesus*, Brennan Manning escreveu:

> O esplendor de um coração humano que confia que é amado dá mais prazer a Deus que a Catedral de Westminster, a Capela Sistina, a *Nona Sinfonia* de Beethoven, os "Girassóis" de Van Gogh, a visão de dez mil borboletas voando ou o aroma de um milhão de orquídeas em flor.[2]

Você já pensou nisso? Você sabe o que significa para o nosso Pai e para Jesus, nosso Salvador, quando você escolhe confiar em Deus em todas as circunstâncias? *Amo* a verdade de que podemos dar algo em troca àquele que deu tudo por nós ao confiarmos no seu amor. Naturalmente, essa é uma situação de ganho mútuo, uma vez que aquele em quem nos é pedido para confiar é totalmente confiável, e, à medida que continuamos andando com ele, entendemos isso cada vez mais, o que não quer dizer que nunca seremos testados, mas sim que "teste + confiança = amor". Um período de teste pode nos paralisar, mas quando temos confiança durante um período assim, nós avançamos e saímos dele em amor.

Davi sabia disso. Os Salmos registram muitas das orações de confiança de Davi em Deus:

- "Eu, quando estiver com medo, confiarei em ti. Em Deus, cuja palavra eu louvo, em Deus eu confio, e não temerei. Que poderá fazer-me o simples mortal?" (Salmos 56:3-4).
- "Pôs um novo cântico na minha boca, um hino de louvor ao nosso Deus. Muitos verão isso e temerão, e confiarão no Senhor. Como é feliz o homem que põe no Senhor a sua confiança, e não vai atrás dos orgulhosos, dos que se afastam para seguir deuses falsos!" (Salmos 40:3-4).
- "Eu sou como uma oliveira que floresce na casa de Deus; confio no amor de Deus para todo o sempre" (Salmos 52:8).

Amo a imagem que Davi usa de ser uma oliveira florescendo na presença de Deus. Ele não utiliza a imagem de uma flor que será cortada e secará com o tempo, mas uma árvore que está firmemente plantada e cujo fruto produz óleo, que é geralmente empregado como uma metáfora para o Espírito Santo. Quando somos plantados na casa de Deus, nossas vidas produzem fruto e o Espírito Santo pode fluir livremente de nós.

Não há presente maior que possamos dar a Deus que a nossa confiança, e não há nada mais libertador que fazer isso em oração. Assim como aquele garotinho levou o seu ABC a Deus confiando que o seu amor faria uma oração com ele, somos convidados a trazer as nossas vidas, as nossas famílias, as nossas esperanças e os nossos sonhos, e depositá-los como um presente diante do nosso Pai, acreditando que podemos confiar a ele tudo que mais valorizamos. A oração é o lugar em que tiramos as nossas mãos das nossas vidas, é a confiança em ação.

Quando a nossa cadelinha menor quer esconder algum brinquedo de sua irmã, ela me encontra e o enfia debaixo da minha perna. Fica empurrando com o focinho até que a coisa esteja fora de vista. Essa é a sua maneira de dizer: "Este é o meu maior tesouro, mas também é aí que sou mais vulnerável, então eu o estou deixando com você."

O seu Pai celestial espera de braços abertos para segurar os seus tesouros. Não há lugar mais seguro no céu ou na terra.

Quando andamos com o Senhor à luz da sua Palavra,
Que glória ele derrama em nosso caminho!
Enquanto fazemos a sua boa vontade, ele permanece conosco ainda.
E com todos os que confiam e obedecem.

Confiar e obedecer, não há outro caminho
Para ser feliz em Jesus, senão confiar e obedecer.

Nenhuma sombra pode surgir, nenhuma nuvem no céu,
Mas o seu sorriso rapidamente a afasta;
Nenhuma dúvida ou medo, nem um suspiro ou lágrima,
Pode permanecer enquanto confiamos e obedecemos.

Nenhum fardo levamos, nenhuma dor sentimos,
Mas o nosso trabalho ele recompensa ricamente.
Nenhum sofrimento ou perda, nenhuma dor ou cruz
Mas somos abençoados se confiamos e obedecemos.

Mas nunca podemos provar os prazeres do seu amor
Até que tudo deixemos no altar;
Pois o favor que ele demonstra, a alegria que ele concede,
São para aqueles que confiam e obedecem.

Então em doce comunhão nos sentaremos aos seus pés.
Ou andaremos ao seu lado pelo caminho.
O que ele disser faremos, onde ele nos enviar iremos;
Sem nunca temer, só confiando e obedecendo.

— John J. Sammis

17

VOCÊ NÃO ESTÁ SOZINHO

O dom da comunidade

A vida é cheia de significado e propósito, tão cheia de beleza por baixo de sua coberta, que você encontrará a terra, mas encoberto estará o seu céu. Tenha coragem então para reivindicá-lo; isso é tudo! Mas coragem você tem, e o conhecimento de que somos peregrinos juntos, andando por uma terra natal desconhecida.
— Pastor Giovanni Giocondo

O amor deve ser sincero. Odeiem o que é mau; apeguem-se ao que é bom.
Dediquem-se uns aos outros com amor fraternal. Prefiram dar honra aos outros mais do que a si próprios. Nunca lhes falte o zelo, sejam fervorosos no espírito, sirvam ao Senhor. Alegrem-se na esperança, sejam pacientes na tribulação, perseverem na oração. (Romanos 12:9-12)

Deus nunca pretendeu que ficássemos sós. Somos seres sociais destinados a prosperar e a florescer em comunidade. Antes que déssemos o nosso primeiro suspiro, Deus olhou para a terra que havia criado e disse: "Então disse Deus: 'Façamos o homem à nossa imagem, conforme a nossa semelhança'" (Gênesis 1:26). O plano original era que assim como a Divindade, três em um, vive em perfeita harmonia, também nós andássemos em união com Deus e uns com os outros.

Deus colocou Adão no paraíso e depois disse: "Não é bom que o homem esteja só; farei para ele alguém que o auxilie e lhe corresponda" (Gênesis 2:18). Assim, Adão e Eva foram ligados a Deus e um ao outro em perfeita união. O mundo invisível andava de mãos dadas com o mundo visível. Cada respiração era uma oração porque não havia distância entre o homem e Deus. Não havia pecado, vergonha, separação; apenas perfeita comunhão.

Pense nisto: a facilidade com que Adão e Eva comungavam com Deus. Não havia distrações, contas para pagar ou consultas dentárias marcadas, transporte coletivo ou longas filas de supermercado. Não havia pecado para tirar o pensamento deles da adoração nem preocupação para colocar um cobertor sobre suas almas. Não havia dificuldade de comunicação entre eles. Eles andavam em paz com Deus e um com o outro.

Há muito tempo no jardim

No dia em que consultei a Wikipédia, a definição de "oração" era "...um esforço ativo para se comunicar com uma divindade ou um espírito seja para oferecer louvor, fazer um pedido, buscar direção, confessar pecados, ou simplesmente expressar seus pensamentos e emoções".

A palavra que é ressaltada para mim nessa definição é "esforço". Pode parecer um esforço e tanto expressar nossos pensamentos ou mesmo entender o que realmente sentimos, mas Deus nunca pretendeu que as coisas fossem assim. Não havia esforço ou empenho para Adão ou Eva quando eles falavam com Deus, e sim um relacionamento franco. Tudo estava em perfeita harmonia — o Pai, o Filho e o Espírito Santo existiam em um círculo inquebrável, e tudo que Adão e Eva sabiam era que eles eram amados.

Contudo, no instante em que eles estenderam a mão e provaram do fruto da árvore do conhecimento do bem e do mal, a humanidade se desconectou de Deus. Ainda naquele dia, quando o Senhor veio andar pelo jardim no frescor da brisa da tarde, Adão e Eva não foram vistos.

Deus perguntou:

— Onde estás?

É fácil à primeira vista interpretar essa frase ao pé da letra, mas eu não acredito nem por um minuto que Deus não sabia que Adão e Eva estavam se escondendo atrás de uma árvore. Creio que a pergunta de Deus foi para eles darem uma olhada em si mesmos e verem onde estavam depois do que havia acontecido.

Adão respondeu:

— Ouvi teus passos no jardim e fiquei com medo, porque estava nu; por isso me escondi (Gênesis 3:10).

Ah, que palavras tristes. Pela primeira vez na história humana, alguém tentava esconder aquilo de que se envergonhava perante Deus. A comunhão perfeita — a oração inquebrável, sem esforço — havia desaparecido.

Deus perguntou a Adão:

— Quem disse que você estava nu?

Mais uma vez, Deus sabia a resposta, mas ele queria que Adão visse o que é a comunhão violada e o que se sente quando ela se rompe.

Como se tudo que ele já tinha feito não fosse terrível o bastante, Adão culpou Eva e Deus. Ele disse que Eva era a culpada e depois lembrou a Deus que ele lhe dera Eva.

Em um instante, havíamos perdido o que estava no coração de Deus para nós: a união perfeita que existe entre o Pai, o Filho e o Espírito Santo. Agora estávamos separados de Deus pelo nosso pecado e lançados para fora do jardim. Querubins com uma espada flamejante que se revolvia foram colocados à entrada para que não pudéssemos entrar novamente. Eu costumava ver isso como uma punição, mas agora entendo que retirar Adão e Eva do jardim provavelmente tenha sido o primeiro ato de graça direcionado aos pecadores. Deus sabia que se Adão ou Eva encontrassem o caminho de volta para o jardim e comessem da árvore da vida, eles viveriam para sempre no seu estado caído (ver Gênesis 3:22-23). O coração de Deus jamais permitiria que isso acontecesse porque a partir de então estávamos arruinados.

Deus não queria que vivêssemos para sempre na nossa ruína, por isso colocou um limite de tempo no nosso caminho de volta ao lar. Através de muitos quilômetros, enfrentando desertos e fome, a uma terra de leite e mel, a profetas e reis, através da liberdade e do cativeiro, ele nos conduziu pela Via Dolorosa a um lugar chamado Gólgota, onde, com amor e misericórdia incríveis, pela primeira vez a Divindade foi dividida enquanto Jesus levava em seu corpo perfeito e sem pecado os pecados dos filhos de Adão e Eva. Até que, tendo absorvido cada último vestígio do nosso pecado, ele clamou: "Está consumado!"

E o véu do templo foi rasgado do céu à terra para que os homens e as mulheres pudessem novamente entrar na presença de Deus no frescor da brisa da tarde e andar e falar com ele.

Nem tudo havia sido restaurado. O caminho daquele lugar de sacrifício e aqueles que andam nele, embora cobertos pelo sangue do Cordeiro, ainda levam as marcas de Adão. Eles passam pelo divórcio e pela morte, pelo câncer e pela traição, pela morte dos sonhos e pelas decepções da vida. Mas não é para sempre. Haverá um dia para cada filho de Deus quando o retorno em que estamos nos levar ao lar.

Até então, um dos maiores presentes na nossa jornada é o fato de termos uns aos outros, pois não fomos projetados para fazer essa viagem sozinhos. Infelizmente, temos tendência a ser vulneráveis uns aos outros ou a tirar vantagem da ajuda uns dos outros.

Orando com o rosto desvendado

O primeiro instinto de Adão e Eva quando romperam sua comunhão com Deus foi se cobrirem, e temos feito isso desde então. Mesmo como cristãos, embora digamos que fomos salvos pelo sangue de Cristo, escondemos de Deus e uns dos outros quem realmente somos. A vergonha ainda está no fundo do nosso ser, e assim como Adão tentou culpar Eva e ela culpou a serpente, fomos convencidos daquele momento em diante de que o amor é condicional e que não atendemos às condições.

Certo dia, ouvi por alto uma conversa entre duas pessoas que estavam discutindo o livro de Gênesis e comparando aquele mundo com a nossa cultura de hoje. O cavalheiro disse: "Adão e Eva tiveram vergonha de seus corpos e tentaram cobri-los. Agora não nos importamos com quem veja o nosso corpo. Apenas cobrimos o nosso rosto para que ninguém possa olhar dentro da nossa alma."

Acho que isso é uma profunda verdade. Tentamos esconder partes das nossas vidas que não temos certeza que estão qualificadas — algo que pode ser especialmente verdade na nossa vida de oração. Eu costumava ter medo de orar em público, de acabar dizendo algo errado. E se a minha teologia estivesse errada ou se eu tropeçasse nas minhas palavras? Sempre que eu tinha de orar em público treinava as palavras incessantemente na minha mente para ver se tudo soava certo e fazia sentido. Depois eu me preocupava em não parecer que eu tinha ensaiado, e, então, eu tropeçava em alguma parte dela.

Sim, concordo, era ridículo. Quando penso nisso agora, acabo sorrindo. A oração nunca teve de ser uma apresentação, mas sim a comunicação aberta e sincera entre um Pai cujo amor não tem fim e seus filhos. E ela se destina a permitir que sejamos vulneráveis diante dos nossos irmãos, mas eu ainda prefiro não permitir que os outros me vejam.

Todas as orações "profissionais" terminaram, porém, quando me vi encharcada até a alma na companhia do quebrantamento. Durante a minha estadia no hospital, comecei a desfrutar o que sentimos quando chegamos como uma criança e falamos com outros filhos do nosso Pai. Ninguém em uma ala psiquiátrica quer impressionar ninguém — nessa fase a brincadeira já terminou há muito tempo! Então o nosso tempo de oração era um momento de sinceridade não apenas diante de Deus, mas também uns dos outros. Isso era novo para mim — permitir que outros entrem em seu lugar de quebrantamento é algo humilhante e ainda assim libertador. Para mim, caracteriza-se por duas coisas: orar uns *pelos* outros, e orar uns *com* os outros. Cada uma é essencialmente importante para o nosso senso de comunidade, portanto, vamos dar uma olhada nelas.

Colocando-se na brecha — Orar uns pelos outros

Todas as manhãs depois do café na ala psiquiátrica, meus novos amigos e eu nos encontrávamos no salão dos pacientes, dávamos as mãos em um círculo e orávamos uns pelos outros. Nos primeiros dias eu não conseguia orar, mas fiquei profundamente comovida com aqueles que oraram por mim.

- "Querido Pai, ajude Sheila hoje a encontrar a coragem para encarar a verdade sobre sua vida sabendo que tu a amas."
- "Pai querido, ajude-a a enfrentar o seu medo e a não ter medo de chorar."
- "Pai querido, obrigado por trazê-la a um lugar seguro. Ajude-a a se sentir segura hoje."

Não sei dizer o que essas orações simples e profundas significaram para mim. Depois de todos os anos em que vivi como cristã, comecei a experimentar como era fazer parte do corpo de Cristo. E logo pude oferecer as minhas próprias orações por meus companheiros — simples, talvez vacilantes, mas sinceras. E pude perceber que as minhas orações por eles também foram graciosamente recebidas.

Olhando para trás, não posso acreditar que passei tanto tempo querendo impressionar as pessoas com as minhas orações, como se eu estivesse me candidatando a um emprego! A oração não deve construir muralhas entre nós; ela deve quebrar essas muralhas. Somos incentivados vez após vez no Novo Testamento a orar uns pelos outros.

- "Portanto, confessem os seus pecados uns aos outros e orem uns pelos outros para serem curados. A oração de um justo é poderosa e eficaz. Elias era humano como nós. Ele orou fervorosamente para que não chovesse, e não choveu sobre a terra durante três anos e meio" (Tiago 5:16-17).
- "Agradeço a meu Deus toda vez que me lembro de vocês. Em todas as minhas orações em favor de vocês, sempre oro com alegria" (Filipenses 1:3-4).
- "Ao mesmo tempo, orem também por nós, para que Deus abra uma porta para a nossa mensagem, a fim de que possamos proclamar o mistério de Cristo, pelo qual estou preso" (Colossenses 4:3).

Só quando eu estava debilitada o suficiente para deixar de lado as minhas orações ensaiadas foi que pude realmente experimentar que é uma grande alegria orar pelos outros, pensar em algo e em alguém além de nós, e sentir como as orações afetavam não apenas os outros, mas a mim.

Ficando lado a lado — Orar uns com os outros

Deus sempre nos chamou para vivermos a nossa fé como um povo — não como indivíduos, mas como um grupo. Quando ele chamou os israelitas para saírem do Egito, foi para saírem juntos, não um a um. Os Salmos foram escritos como uma liturgia coletiva para serem cantados juntos como uma comunidade. Jesus nos disse que ele está voltando para uma noiva, que é composta por todos nós no corpo de Cristo.

Isso significa que não apenas a oração é o nosso meio pessoal de comunicação com Deus, como ela é uma maneira de nós, cristãos, nos unirmos como um só coração. Nunca, jamais subestime o poder da oração em conjunto. A Bíblia nos diz:

- "Digo-lhes a verdade: Tudo o que vocês ligarem na terra terá sido ligado no céu, e tudo o que vocês desligarem na terra terá sido desligado no céu. Também lhes digo que se dois de vocês concordarem na terra em qualquer assunto sobre o qual pedirem, isso lhes será feito por meu Pai que está nos céus. Pois onde se reunirem dois ou três em meu nome, ali eu estou no meio deles" (Mateus 18:18-20).
- "Encontrando os discípulos dali, ficamos com eles sete dias. Eles, pelo Espírito, recomendavam a Paulo que não fosse a Jerusalém. Mas quando terminou o nosso tempo ali, partimos e continuamos nossa viagem. Todos os discípulos, com suas mulheres e filhos, nos acompanharam até fora da cidade, e ali na praia nos ajoelhamos e oramos" (Atos 21:4-5).
- "O fim de todas as coisas está próximo. Portanto, sejam criteriosos e sóbrios; dediquem-se à oração. Sobretudo, amem-se sinceramente uns aos outros, porque o amor perdoa muitíssimos pecados" (1Pedro 4:7-8).

Espero que você tenha tido a oportunidade de realmente orar em uma experiência comunitária. Se não, eu o encorajo a se dedicar a esse dom, já que não há nada semelhante a ele. Como pude experimentar com meus companheiros pacientes, é a comunhão na sua forma mais poderosa e mais descoberta. E é algo transformador. Para mim, os relacionamentos mais próximos que tenho são os amigos com quem oro. Orar é reconhecer o invisível na presença do visível, e acredito que o maligno treme quando ele vê o povo de Deus reunido de joelhos.

Talvez, assim como eu, você tenha medo de orar em público ou de oferecer uma oração a um amigo porque não tem confiança nas suas habilidades para orar. Deixe-me fazer-lhe uma pergunta: se um filho a quem você amasse de todo o coração viesse até você e com palavras hesitantes dissesse: "Eu amo você um montão!" Você desprezaria esse sentimento porque ele não foi articulado da forma adequada?

É claro que não! O seu coração ficaria comovido, e você se abaixaria e abraçaria essa criança.

É assim que o nosso Pai nos vê.

É possível que alguém em um grupo de oração em algum momento menospreze o seu estilo de orar ou a sua falta de polimento. Mas quem se importa com o que as outras pessoas pensam? A oração não tem a ver com impressionar os outros, e sim com amar a Deus durante todo o caminho de volta ao lar... assim como o meu amigo Eric.

Uma bela vida

Eric Kuntz filho de Steve e Karen Kuntz nasceu em 7 de setembro de 1983, . Os médicos ficaram preocupados com a sua saúde e fizeram um teste cromossômico. Três semanas depois, os resultados foram positivos para Síndrome de Down. Em um e-mail enviado a mim, sua mãe, Karen, escreveu:

> Lembro-me do meu primeiro pensamento quando desliguei o telefone. Foi: "Deus, mostra-me o que fazer!" Ele era o nosso primogênito. Não sabíamos como criar um bebê "normal", e menos ainda um bebê com dificuldades. Cada pai e mãe que espera um filho simplesmente supõe que terá o "perfeito bebê de comercial". NADA pode preparar você para a morte do seu sonho de ter um filho perfeito. Embora tenhamos chorado, nossas lágrimas foram mais pelo nosso bebê do que por nós. Nunca perguntamos: "Por que nós?" Na verdade, estávamos gratos porque ele havia sido dado a NÓS por Deus e não a pais que não seriam capazes de cuidar dele. Sabíamos que Eric teria de se esforçar para aprender até mesmo as tarefas mais simples. Ele seria ridicularizado, as pessoas o olhariam na rua, e ele nunca se casaria nem teria filhos.

Conheci Karen e Eric em uma conferência do Women of Faith em Des Moines, Iowa. Desde então pude passar um tempo com Eric de vez em quando, e todas as vezes ele toca a minha vida profundamente. Em meu escritório, tenho diversos desenhos que ele fez para mim, os quais me lembram o seu espírito especial.

A cidade de Des Moines sempre faz parte das programações das conferências do Women of Faith, e em determinado ano Karen e eu arrumamos tempo para nós três nos encontrarmos antes do fim de semana começar. Eric e Karen me encontraram em meu hotel na quinta-feira à noite. Gostaria de poder lhe mostrar um retrato do sorriso desse jovem — há uma graça suave nele e um senso permanente da presença de Deus e dos seus anjos.

Pedi a Karen para anotar algumas ideias sobre a vida do seu filho. Eis o que ela disse:

> A fé de Eric em Deus é muito aparente e real. Ele não tem fingimentos. Ele não encobre o que sente. As pessoas me disseram que podem ver que ele ama o Senhor, seu rosto simplesmente brilha! Eric ama ir à igreja e à escola dominical, participa ativamente do culto de adoração e "canta" os hinos. Ele não tem absolutamente qualquer senso de ritmo, mas ou ele não consegue perceber isso, ou simplesmente não se importa. Está sempre dois ou três segundos atrás de todo mundo, mas entrega seu coração naquilo que faz. As pessoas podem ver isso quando estamos na igreja!
>
> Ele é realmente alguém que pode "ler" o coração das pessoas, sentir quando alguém está triste ou não está se sentindo bem. Ao me olhar quando estou triste é como se ele pudesse ver dentro da minha alma e senti-la também. Ele chora quando alguém chora (mesmo que ele não saiba o motivo).
>
> Eric é grato pelas pequenas coisas. Às vezes, ele surge com um "obrigado pela comida" depois que faço o jantar ou com "obrigado pelo passeio" quando vamos a algum lugar. Nas reuniões com o restante da família ele faz todos pararem de comer, colocarem seus talheres na mesa, e ora: "Obrigado pela comida. Amém!" Depois de ficar realmente doente no mês de dezembro passado, ele veio por trás de mim, abraçou-me e disse: "Obrigado por cuidar de mim quando eu estive doente."

Em 2006, Eric foi diagnosticado com uma grave apneia do sono. A palavra grega *apnea* significa literalmente "sem respiração". As pessoas que têm *apneia* do sono e que não são tratadas param de respirar repetidamente enquanto dormem, às vezes centenas de vezes durante a noite e, muitas vezes, por um minuto ou mais. Muitas pessoas podem ser tratadas dessa doença, mas Eric não tem respondido bem a nenhum tratamento, apesar de a família ter tentado todos os disponíveis, sem êxito. O médico disse a Karen que era impressionante que Eric ainda estivesse com eles: "Deus tem um propósito especial para Eric que ainda não se cumpriu." E assim, para Karen e seu marido, cada respiração de Eric vem com uma oração de gratidão por parte da família.

Perguntei a Eric naquela noite como é quando ele fica realmente doente. Ele respondeu: "Quando eu doente, anjos perto de mim. Eles me amam; me seguram, bons para mim." (Eric parece ter tido uma experiência progressiva com o outro lado do véu. Karen me disse que quando ele era bebê, ficava muito doente, mas sua lembrança daquele período é: "Jesus me segurava e me ninava.")

No sábado da conferência em Des Moines, solicitei dois lugares especiais para Eric e Karen, pois eu os queria na fileira da frente onde pudéssemos nos ver. Nos intervalos eu ia até Eric, e nós nos abraçávamos e falávamos sobre o que ele havia gostado até então. Ele dizia: "Com você e com todo mundo, nós cantamos!"

Quando chegou a minha vez de cantar e falar, dediquei minha última música, *Find Your Wings* [Encontre as suas asas], a Eric; ela fala sobre o amor de uma mãe por seu filho e sua oração para que Deus encha o coração dele com sonhos.

Ele nunca tirava os olhos de mim; sorria largamente, mesmo com lágrimas descendo por seu rosto. Mas o que achei ainda mais comovente foi o nosso momento final de adoração coletiva. Doze mil membros do corpo de Cristo ficaram em pé juntos e ergueram suas vozes a Deus, nosso Pai. Olhei do palco para os meus amigos e, naquele momento, ficou claro que não éramos mais Eric, que tinha Síndrome de Down, Linda, que estava esperando os resultados de exames, e 12 mil outras mulheres, cada uma com suas lutas e celebrações, decepções e sonhos — éramos uma família, uma só voz cantando nossos louvores juntos.

Há um mistério operando nessa reunião de irmãos, e, se não tomarmos cuidado, nós o deixaremos passar. Se quisermos tomar posse da verdade de que esta estrada que trilhamos é um lugar caído, um retorno no caminho para onde a nossa verdadeira vida começa, devemos começar a ver uns aos outros de modo diferente. Deus embrulhou algumas de suas pessoas mais impressionantes em invólucros incomuns, e eu incentivo você a não deixá-las passar despercebidas. Alguns de nós somos gordos ou magros, outros altos ou baixos; alguns são física, mental ou emocionalmente deficientes; mas todos nós temos dificuldades de uma maneira ou de outra. Somos uma família, uma comunidade. Enquanto estivermos nesse caminho, a nossa alegria e força é nos apegarmos uns aos outros, orar uns pelos outros, e cantar expressando o nosso coração, quer estejamos afinados, quer não!

O único fundamento da Igreja
É Jesus Cristo seu Senhor
Ela é sua nova criação
Pela água e pela Palavra.
Do céu ele veio e a buscou
Para ser a sua noiva santa
Com o seu próprio sangue ele a comprou
E por sua vida ele morreu.

Em meio a trabalhos e tribulações
E os tumultos da sua guerra
Ela aguarda a consumação
Da paz eterna;
Ainda, com a visão gloriosa,
Seus olhos que anseiam são abençoados
E a grande Igreja vitoriosa
Será a Igreja que descansa.

Mas ela na terra está unida
A Deus, o Três em Um
E a doce mística comunhão
Com aqueles que descansam foi ganha
Com todos os seus filhos e filhas
Quem, pela mão do seu Mestre
Foi conduzido pelas águas da morte
Repousa na terra do Éden.

Ó felizes e santos!
Senhor, dá-nos graça para que nós
Como eles, os mansos e humildes,
No alto possamos habitar contigo:
Ali, depois das montanhas da fronteira,
Onde em doces vales a Noiva
Contigo junto às fontes vivas
Para sempre habitará!

— Samuel J. Stone

CONCLUSÃO

A ORAÇÃO É A NOSSA IDENTIDADE

Quando iniciei este livro, esperava que ao longo do processo de pesquisa e estudo minha própria vida de oração fosse ampliada e fortalecida. O que eu não previ foi que todas as áreas da minha vida fossem tocadas. Ficou muito claro para mim que não posso separar minha vida de oração da minha vida como esposa, mãe, amiga, escritora, conferencista e mulher.

A oração não é simplesmente algo que *fazemos*, é quem nós somos. De joelhos ou enquanto andamos e enfrentamos cada dia, a oração é o nosso direito de primogenitura. A nossa conversa e o nosso relacionamento progressivo com Deus por meio do sacrifício do seu Filho, Jesus, define quem somos. Tudo que o Pai sempre quis foi um relacionamento e um amor indissolúveis entre o coração dele e o nosso. Por causa do sacrifício de Cristo, não existe ninguém ao nosso lado com uma lista dos nossos erros e dos nossos acertos. Somos convidados a cada instante de todos os dias a viver na sua presença.

Não existe presente maior que nos tenha sido dado nesta terra, depois da nossa salvação, do que a linha direta que temos diretamente com o coração de Deus. Há momentos em que tudo o que queremos fazer é nos ajoelhar. Há momentos em que tudo que podemos fazer é cair sobre o nosso rosto e clamar pelo nome de Jesus. Há momentos em que queremos ficar em pé com o rosto voltado para o calor do sol e falar com o nosso Pai ou lutar contra a chuva forte enquanto abrimos o nosso coração para ele. O que esta obra quer mostrar é que em vez de ser algo que fazemos e depois mentalmente riscamos da nossa lista, como pegar a roupa na secadora, a oração é a nossa vida, o nosso próprio fôlego de vida. Conte tudo o que você ama e tudo o que o perturba para Deus. Cante, chore, grite, ria, dance, e se alegre sempre, sabendo que você está na presença dele, que é amado e recebido por ele.

Isso não significa que toda oração será atendida como poderíamos esperar que fosse, mas está chegando o dia em que esta estrada terminará e estaremos em casa, livres. Até esse dia temos o nosso Pai que nos ama, o nosso Salvador que morreu por nós, e o Espírito Santo que intercede por nós quando não sabemos o que dizer. Temos uns aos outros. Cristo não está voltando por um pé ou uma mão, mas para uma noiva gloriosa. Somos o corpo de Cristo, rico ou pobre, jovem ou velho, eloquente ou vacilante. E, quando entregamos nossas vidas a ele, podemos experimentar uma vida em que falamos com ele, erguemos nossas mãos e oramos até vê-lo face a face.

NOTAS

Capítulo 1: O que a Bíblia realmente diz sobre a oração?

1. Esta citação, com outras informações sobre Dana Carvey e a respeito de seu personagem, a irmã da igreja, está disponível em http://en.wikipedia.org/wiki/Dana_Carvey, acessado em 2 de junho de 2007.

Capítulo 2: Por que a oração é tão importante?

1. Veja, por exemplo, *The Heartache No One Sees: Real Healing for a Woman's Wounded Heart* (Nashville: Thomas Nelson, 2007) e *Life Is Tough, But God Is Faithful: How to See God's Love in Difficult Times* (Nashville: Thomas Nelson, 2001).

Capítulo 3: Por que é tão difícil orar?

1. Guy H. King, *Prayer Secrets* (Londres: Marshall Morgan and Scott, 1955).
2. C.S. Lewis, *The Screwtape Letters* (São Francisco: HarperSanFrancisco, nova edição, 2001), página 39.

Capítulo 5: Por que Deus diz não?

1. Nancy Guthrie, *Holding on to Hope: A Pathway Through Suffering to the Heart of God* (Carol Stream, IL: Tyndale, 2006).

Capítulo 6: Deus está zangado comigo?

1. William Blake, "To the Deists", *Jerusalem*, The Illuminated Books of William Blake, vol. 1 (Princeton University Press, rep. 1997), 213.

Capítulo 7: Por que Deus parece ausente quando oro?

1. Sheila Walsh, *Honestly* (Grand Rapids: Zondervan, 1997).

Capítulo 12: Você está pedindo para eu abrir mão?

1. Sandi Patty, *Falling Forward... into His Arms of Grace* (Nashville: Thomas Nelson, 2007).
2. John Kavanaugh, *America* 173, 29 de julho de 1995.

Capítulo 13: Solte os seus fardos

1. Richard Foster, *Prayer: Finding the Heart's True Home* (São Francisco: HarperSanFrancisco, 1992), 37.

Capítulo 14: Ore "para a frente"

1. Eugene Peterson, *A Long Obedience in the Same Direction: Discipleship in an Instant Society*, 20th Anniversary ed. (Downers Grove, IL: InterVarsity, 2000).
2. O *Chalk Talk*, do pastor Martin, circula nos Alcoólicos Anônimos por mais de trinta anos; disponível em http://www.sobrietyfirst.org/audio.htm.
3. D.L. Moody, *The Joy of Answered Prayer* (New Kensington, PA: Whitaker House, 2002), 10.
4. Henry Cloud, *Nine Things You Simply Must Do: To Succeed in Love and Life* (Nashville: Integrity Publishers, 2004), cap. 5, "Play the Movie".

Capítulo 15: Inebriado pela gratidão

1. Para outras informações sobre a luta de Sheila contra a depressão, ver seu livro *Honestly* (Grand Rapids: Zondervan, 1997), disponível em www.sheilawalsh.com.

Capítulo 16: E Deus se alegrou

1. D.L. Moody, *The Joy of Answered Prayer* (New Kensington, PA: Whitaker House, 2002), 105.
2. Brennan Manning, *Ruthless Trust: The Ragamuffin's Path to God* (São Francisco: HarperSanFrancisco, ed. reimpr. 2002), 2.

WOMEN OF FAITH

O Women of Faith, a maior conferência para mulheres da América do Norte, é uma experiência inigualável. Milhares de mulheres — de todas as idades, tamanhos e origens — unem-se em uma arena de conferências para um fim de semana de amor e risos, histórias e encorajamento, teatro, música e muito mais. A mensagem é simples. O resultado é transformador.

> O que esta conferência fez por mim foi me mostrar como celebrar ser mulher, mãe, filha, avó, irmã e amiga.
> — Anne, Corona, CA

> Aprecio o quanto cada conferencista foi genuína e o fato de elas serem abertas e sinceras quanto às histórias de suas vidas, até mesmo as mais difíceis.
> — Amy, Forth Worth, TX

> VÁ, você PRECISA ir. A equipe do Women of Faith é maravilhosa, engraçada, abençoada, e nos levanta. Não perca a chance de ter a sua vida transformada por esta experiência incrível.
> — Susan, Hartford, CT

Este livro foi composto em IowanOldSt BT 10.5 e impresso pela umlivro sobre papel pólen natural $80g/m^2$ para a Thomas Nelson Brasil.